공부 잘하는 아이, 독서 잘하는 아이로 키우려면
어휘력 먼저 키워 주어야 합니다!

공부 잘하고 책 잘 읽는 똑똑한 아이들에게는 공통점이 있습니다. 바로 그 아이들이 알고 있는 단어가 많다는 것입니다. 어휘력이 좋아서 책을 잘 읽는 것은 이해가 되는데, 어휘력이 좋아야 공부도 잘한다는 것은 설명이 좀 필요할 것 같습니다. 다음 말을 읽고 곰곰이 한번 생각해 보세요.

"사람은 자신이 아는 단어의 수만큼 생각하고 표현한다."
"하나의 단어를 아는 것은 그 단어를 둘러싸고 있는 세상을 아는 것이다."

이 말에 동의한다면 왜 어휘력이 좋아야 공부를 잘하는지 알 수 있을 것입니다. 공부는 세상을 이해하고 자신을 표현하는 일련의 과정이기 때문에, 어휘력을 키우면 세상을 이해하는 능력과 사고력이 자라서 공부를 잘하는 바탕이 마련됩니다.

예를 들어 볼까요? 두 아이가 있습니다. 한 아이는 '알리다'라는 낱말만 알고, 다른 아이는 '알리다' 외에 '안내하다', '보도하다', '선포하다', '폭로하다'라는 낱말도 알고 있습니다. 첫 번째 아이는 어떤 상황이든 '알리다'라고 뭉뚱그려 생각하고 표현합니다. 하지만 두 번째 아이는 길을 알려 줄 때는 '안내하다'라는 말을, 신문이나 TV에서 알려 줄 때는 '보도하다'라는 말을, 세상에 널리 알릴 때는 '선포하다'라는 말을 씁니다. 또 남이 피해를 입을 줄 알면서 알릴 때는 '폭로하다'라고 구분해서 말하겠지요. 이렇듯 낱말을 많이 알면, 보다 정확하게 이해하고 정교하게 표현할 수 있습니다.

〈세 마리 토끼 잡는 초등 어휘〉는 아이들의 어휘력을 키워 주려고 탄생했습니다. 아이들이 낱말을 재미있고 효율적으로 배울 뿐 아니라, 낯선 낱말을 만나도 그 뜻을 유추해 내도록 이끄는 것이 〈세 마리 토끼 잡는 초등 어휘〉의 목표입니다. 공부 잘하는 아이, 독서 잘하는 아이로 키우고 싶다면, 이 글을 읽는 순간 이미 목적지에 한 발 다가선 것입니다. 〈세 마리 토끼 잡는 초등 어휘〉가 공부 잘하는 아이, 독서 잘하는 아이로 책임지고 키워 드리겠습니다.

세 마리 토끼 잡는 초등 어휘 는 어떤 책인가요?

1 한자어, 고유어, 영단어 세 마리 토끼를 잡아 어휘력을 통합적으로 키워 주는 책

〈세 마리 토끼 잡는 초등 어휘〉는 한자어와 고유어, 영단어 실력을 단단하게 만들어 주는 책입니다. 낱말 공부가 지루한 건, 낱말과 뜻을 1:1로 외우기 때문입니다. 이렇게 공부하면 낯선 낱말을 만났을 때 속뜻을 헤아리지 못해 낭패를 보지요. 〈세 마리 토끼 잡는 초등 어휘〉는 속뜻을 이해하면서 한자어를 공부하고, 이와 관련 있는 고유어와 영단어를 연결해서 공부하도록 이루어져 있습니다. 흩어져 있는 글자와 낱말들을 연결하면 보다 재미있게 공부하고 오래 기억할 수 있습니다.

2 한자가 아니라 '한자 활용 능력'을 키워 주는 책

많은 아이들이 '날 생(生)' 자는 알아도 '생명', '생계', '생산'의 뜻은 똑 부러지게 말하지 못합니다. 한자와 한자어를 따로따로 공부하기 때문이지요. 〈세 마리 토끼 잡는 초등 어휘〉는 한자를 중심으로 다양한 한자어를 공부하도록 구성하여 한자를 통해 낯설고 어려운 낱말의 속뜻도 짐작할 수 있는 '한자 활용 능력'을 키워 줍니다.

3 교과 지식과 독서·논술 실력을 키워 주는 책

〈세 마리 토끼 잡는 초등 어휘〉는 추상적인 낱말과 개념어를 잡아 주는 책입니다. 고학년이 되면 '사고방식', '민주주의' 같은 추상적인 낱말과 개념어를 자주 듣게 됩니다. 이런 어려운 낱말은 아이들의 책 읽기를 방해하고 공부에 대한 흥미를 잃게 하지요. 하지만 〈세 마리 토끼 잡는 초등 어휘〉로 공부하면 낱말과 지식을 함께 익힐 수 있어서, 교과 공부는 물론이고 독서와 논술을 위한 기초 체력도 기를 수 있습니다.

3

세 마리 토끼 잡는 초등 어휘 는 어떻게 이루어져 있나요?

1 전체 구성

〈세 마리 토끼 잡는 초등 어휘〉는 다섯 단계(총 18권)로 이루어져 있습니다.

단계	P단계	A단계	B단계	C단계	D단계
대상 학년	유아~초등 1년	초등 1~2년	초등 2~3년	초등 3~4년	초등 5~6년
권 수	3권	4권	4권	4권	3권

2 권 구성

〈세 마리 토끼 잡는 초등 어휘〉 한 권은 내용에 따라 PART1, PART2, PART3으로 나누어져 있습니다.

> **PART 1** **핵심 한자로 배우는 기본 어휘**(2주 분량)

10개의 핵심 한자를 중심으로 한자어와 고유어, 영단어를 익히는 곳입니다. 한자는 단계에 맞는 급수와 아이들이 자주 듣는 낱말이나 교과 연계성을 고려해 선별하였습니다. 한자와 낱말은 한눈에 들어오게 어휘망으로 구성하였고, 다양한 활동을 통해 낱말의 뜻을 익힐 수 있게 꾸렸습니다. 또한 교과 관련 낱말을 별도로 구성해서 교과 지식도 함께 쌓을 수 있습니다.

단계별 구성(P단계에서 D단계로 갈수록 핵심 한자와 낱말의 난이도가 높아지고, 낱말 수도 많아집니다.)

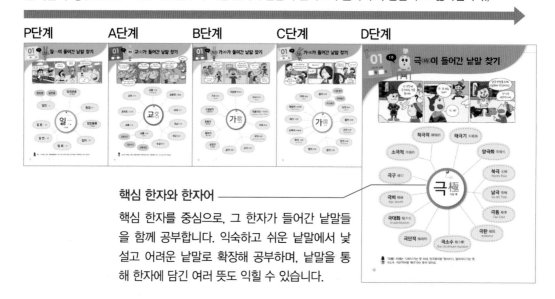

핵심 한자와 한자어

핵심 한자를 중심으로, 그 한자가 들어간 낱말들을 함께 공부합니다. 익숙하고 쉬운 낱말에서 낯설고 어려운 낱말로 확장해 공부하며, 낱말을 통해 한자에 담긴 여러 뜻도 익힐 수 있습니다.

PART 2 뜻을 비교하며 배우는 관계 어휘(1주 분량)

관계가 있는 여러 낱말들을 연결해서 공부하는 곳입니다. '輕(가벼울 경)', '重(무거울 중)' 같은 상대되는 한자나, '동물', '종교' 등 하나의 주제를 중심으로 관련 있는 낱말들을 모아서 익힐 수 있습니다.

상대어로 배우는 한자어
상대되는 한자를 중심으로 상대어들을 함께 묶어 공부합니다. 상대어를 통해 어휘 감각과 논리력을 키울 수 있습니다.

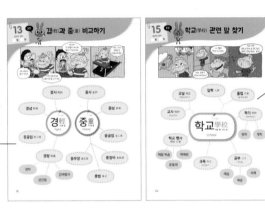

주제로 배우는 한자어
음식, 교통, 방송, 학교 등 하나의 주제와 관련 있는 낱말을 모아서 공부합니다.

PART 3 소리를 비교하며 배우는 확장 어휘(1주 분량)

소리가 같거나 비슷해서 헷갈리는 낱말이나, 낱말 앞뒤에 붙는 접두사·접미사를 익히는 곳입니다. 비슷한말을 비교하면서 우리말을 좀 더 바르게 쓸 수 있습니다.

헷갈리는 말 살피기
'가르치다/가리키다', '~던지/~든지'처럼 헷갈리는 말이나 흉내 내는 말을 모아 뜻과 쓰임을 비교합니다.

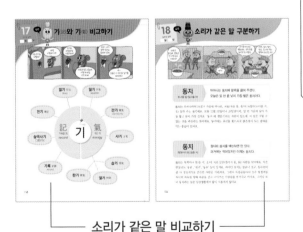

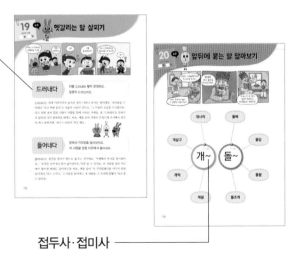

소리가 같은 말 비교하기
소리가 같은 한자를 중심으로, 소리는 같지만 뜻이 다른 동음이의어를 공부합니다.

접두사·접미사
'~장이/~쟁이'처럼 낱말 앞뒤에 붙어 새로운 뜻을 더하는 접두사·접미사를 배웁니다.

세 마리 <u>토</u>끼 잡는 초등 어휘 1일 학습은 **어떻게** 짜여 있나요?

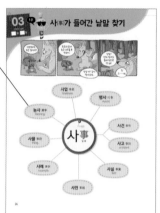 

어휘망

어휘망은 핵심 한자나 글자, 주제를 중심으로 쓰임이 많은 낱말을 모아 놓은 마인드맵입니다. 한자의 훈음과 관련 낱말들을 익히면, 한자를 이용해 낱말들의 속뜻을 짐작할 수 있습니다.

먼저 확인해 보기

미로 찾기, 십자말풀이, 색칠하기 등 다양한 활동을 하며 낱말의 뜻을 정확히 알고 있는지 확인할 수 있습니다.

 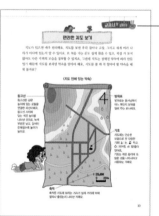

익숙한 말 살피기

낱말을 아이들 눈높이에 맞춰 한자로 풀어 설명합니다. 한자와 뜻을 연결해 공부하면서 한자를 이용한 속뜻 짐작 능력을 키울 수 있습니다.

교과서 말 살피기

교과 내용을 낱말 중심으로 되짚어 봅니다. 확장된 지식과 낱말 상식 등을 함께 공부할 수 있습니다.

★ '주제로 배우는 한자어'는 동물, 학교, 수 등 주제를 중심으로 관련 어휘를 확장해서 공부합니다.

속뜻 짐작 능력 테스트

앞에서 배운 내용을 잘 이해했는지 확인하고, 핵심 한자를
활용해 낯설거나 어려운 낱말의 뜻을 스스로 짐작해 봅니다.

어휘망 넓히기

관련 있는 영단어와 새말 등을
확장해서 공부할 수 있습니다.
QR 코드를 찍으면 영어 발음을
듣고 배울 수 있습니다.

재미있는 우리말 유래 / 이야기

재미있는 우리말 유래 / 이야기

한 주 학습을 마치면, 우리말 유래나 우리
말에 얽힌 이야기를 소개하는 재미있는 만
화가 기다리고 있습니다.

★ '헷갈리는 말 살피기'는 소리가 비슷한 낱말들을 비교할 수 있게 구성하였습니다.

세 마리 토끼 잡는 초등 어휘 이렇게 공부해요

1 매일매일 꾸준히 공부해요

〈세 마리 토끼 잡는 초등 어휘〉는 매일 6쪽씩 꾸준히 공부하는 책이에요. 재미있는 활동과 만화가 있어서 지루하지 않게 공부할 수 있지요. 공부가 끝나면 '○주 ○일 학습 끝!' 붙임 딱지를 붙이고, QR 코드를 이용해 영어 발음도 들어 보세요.

2 또 다른 낱말도 찾아보아요

하루 공부를 마치고 나면, 인터넷 사전에서 그날의 한자가 들어간 다른 낱말들을 찾아보세요. 아마 '어머, 이 한자가 이 낱말에 들어가?', '이 낱말이 이런 뜻이었구나.'라고 깨달으며 새로운 즐거움에 빠질 거예요. 새로 알게 된 낱말들로 나만의 어휘망을 만들면 더욱 도움이 될 거예요.

3 보고 또 봐요

〈세 마리 토끼 잡는 초등 어휘〉는 PART1에 나온 한자가 PART2나 PART3에도 등장해요. 보고 또 보아야 기억이 나고, 비교하고 또 비교해야 정확히 알 수 있기 때문이지요. 책을 다 본 뒤에도 심심할 때 꺼내 보며 낱말들을 내 것으로 만들어 보세요.

한 주 학습표	월	화	수	목	금	토
	매일 6쪽씩 학습하고, '○주 ○일 학습 끝!' 붙임 딱지 붙이기					주요 내용 복습하기

세마리 토끼잡는 초등 어휘

B단계 3권

PART 1

PART1에서는 핵심 한자를 중심으로
우리말과 영어 단어, 교과 관련 낱말 들을 공부해요.

각(角)이 들어간 낱말 찾기

돼지야, 뭐 하는 거야?

히히, 어디선가 빵 냄새가 나서 촉각을 곤두세우고 있었지~.

직각 直角

둔각 鈍角

각도기 角度器

예각 銳角

각막 角膜

각 角
뿔 각
angle

다각형 多角形
polygon

촉각 觸角
antenna

삼각형

육각형

사각형

사각지대 死角地帶
blind spot

다각화 多角化

삼각주 三角洲

1 개미가 더듬이를 세워 길을 찾고 있어요. 각이 있는 도형과 관련된 낱말만 따라 가면 개미의 식량 창고로 갈 수 있어요. 함께 출발해 볼까요?

2 아이들이 쉬는 시간에 이야기를 나누고 있어요. 파란색 글자들을 바르게 고쳐 써서 문장에 알맞은 낱말을 만들어 주세요.

주각삼는 삼각형 모양의 땅이야.	도각기 좀 빌려줘. 도형의 각을 재고 싶어.	각촉은 더듬이와 같은 말이야.
☐ ☐ ☐	☐ ☐ ☐	☐ ☐

각도기
角(뿔 각) 度(법도 도)
器(그릇 기)

'각도'는 한 점에서 갈리어 나간 두 직선의 벌어진 정도를 나타내요. **각도기**는 각도를 재는 도구(그릇 기, 器)이지요. 반원 모양의 투명한 판에 표시된 눈금으로 각의 크기를 재요.

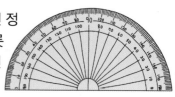

직각 / 둔각
直(곧을 직) 角(뿔 각)
鈍(무딜 둔)

각은 크게 직각, 둔각, 예각으로 나눠요. 90도인 각은 '곧을 직(直)' 자를 써서 **직각**, 90도보다 커서 무뎌(무딜 둔, 鈍) 보이는 각은 **둔각**, 90도보다 작아서 날카롭게(날카로울 예, 銳) 보이는 각은 '예각'이라고 해요.

다각형
多(많을 다) 角(뿔 각)
形(모양 형)

다각형은 각이 여러 개(많을 다, 多) 있는 도형을 뜻해요. 각이 세 개면 '석 삼(三)' 자를 써서 '삼각형', 각이 네 개면 '넉 사(四)' 자를 써서 '사각형', 각이 여섯 개면 '여섯 육(六)' 자를 써서 '육각형'이라고 해요. 이렇듯 다각형의 이름은 각의 개수에 따라 붙여요.

다각화
多(많을 다) 角(뿔 각)
化(될/변화할 화)

다각화는 어떤 것을 여러(많을 다, 多) 방면이나 다양한 분야로 넓혀서 펼쳐 가는 것을 의미해요. '상품을 다각화하다.', '공부 방법을 다각화하다.'와 같이 쓸 수 있어요.

삼각주
三(석 삼) 角(뿔 각) 洲(물가 주)

강이나 호수 주변(물가 주, 洲)에 물에 실려 온 모래나 흙이 쌓여 만들어진 삼각형 모양의 땅을 **삼각주**라고 해요. 우리나라 낙동강 하류에서 볼 수 있어요.

사각지대
死(죽을 사) 角(뿔 각)
地(땅 지) 帶(띠 대)

사각지대는 한 곳에 섰을 때, 사물이 잘 보이지 않는 각도를 말해요. 운전할 때 운전자 입장에서 잘 보이지 않는 곳을 '운전의 사각지대'라고 하지요. 또 사각지대는 관심이나 영향이 미치지 못하는 곳을 뜻하기도 해요.

촉각
觸(닿을 촉) 角(뿔 각)

개미나 달팽이의 머리 부분에 달려 있는 더듬이를 한자어로 **촉각**이라고 해요. 촉각은 물체에 대해 느끼고 알아낼 수 있는 곤충들의 특별한 기관이에요. 그래서 주위에서 일어나는 일을 알아채는 능력도 '촉각'이라고 해요.

각막
角(뿔 각) 膜(흘떼기/막 막)

눈을 가만히 들여다보면 맨 바깥쪽에 반짝이는 부분이 보일 거예요. 얇은 막(흘떼기/막 막, 膜)으로 되어 있는 이 부분을 **각막**이라고 해요. 각막은 눈을 보호하고 물체를 볼 때 초점을 맞춰 주는 역할을 해요.

우리의 소중한 눈

눈은 좋아하는 사람과 멋진 자연을 보게 해 주는 소중한 기관이에요. 그런데 눈은 어떻게 다른 것을 볼 수 있을까요? 눈은 빛을 통해서 사람이나 사물을 볼 수 있어요. 빛이 없는 깜깜한 곳에서는 아무리 시력이 좋아도 사물을 알아볼 수가 없지요. 빛이 들어오면 눈이 어떻게 사물을 보게 되는지 한번 알아볼까요?

〈눈이 사물을 보는 방법〉

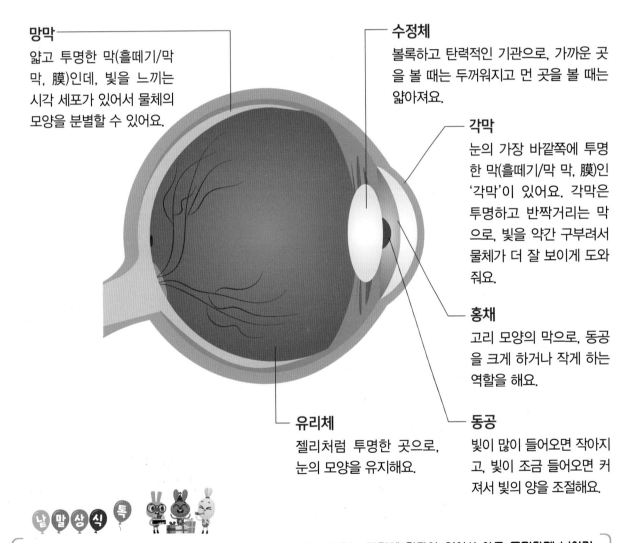

망막
얇고 투명한 막(흘떼기/막 막, 膜)인데, 빛을 느끼는 시각 세포가 있어서 물체의 모양을 분별할 수 있어요.

수정체
볼록하고 탄력적인 기관으로, 가까운 곳을 볼 때는 두꺼워지고 먼 곳을 볼 때는 얇아져요.

각막
눈의 가장 바깥쪽에 투명한 막(흘떼기/막 막, 膜)인 '각막'이 있어요. 각막은 투명하고 반짝거리는 막으로, 빛을 약간 구부려서 물체가 더 잘 보이게 도와 줘요.

홍채
고리 모양의 막으로, 동공을 크게 하거나 작게 하는 역할을 해요.

유리체
젤리처럼 투명한 곳으로, 눈의 모양을 유지해요.

동공
빛이 많이 들어오면 작아지고, 빛이 조금 들어오면 커져서 빛의 양을 조절해요.

'각막'은 '맑은 막'이라고도 해요. 맑은 막이라고 부르는 이유는 각막에 혈관이 없어서 아주 투명하게 보이기 때문이에요. 각막 때문에 눈이 반짝반짝 빛나는 것처럼 보이기도 하지요. 눈의 창문 역할을 하는 각막은 외부로부터 눈을 보호하고 빛을 통과시키는 역할을 해요.

1 다음 사진을 보고 ( )에서 알맞은 낱말을 골라 ○ 하세요.

① 샌드위치에는 각이 90도인 (**직각** / **예각**)도 있고, 각이 90도보다 작은 (**예각** / **둔각**)도 있어요.

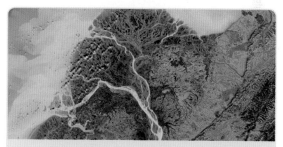

② 삼각주는 (**다각형** / **사각지대**) 가운데 하나인 삼각형을 닮은 땅이에요.

2 속뜻 짐작 밑줄 친 낱말의 뜻을 찾아 선으로 연결해 주세요.

팔각정에서 만나자. •

• 지붕을 여덟모가 지도록 지은 정자

엄마가 **촉각**을 곤두세우고 방을 살폈다. •

• 주위의 변화를 알아채는 능력

3 속뜻 짐작 밑줄 친 낱말에 대해 바르게 설명한 아이를 찾아 ○ 하세요.

진수는 축구에 **두각**을 나타내는 친구예요.

'머리 두(頭)' 자에 '꼭대기, 최고'라는 뜻도 있어.

머리에 뿔이 났다는 뜻이야.

재능이 남보다 뛰어난 것을 뜻해.

두두두두, 아주 빠르다는 뜻이야.

아이스크림콘을 먹을 때 뿔처럼 생긴 모양이 특이하다고 생각해 본 적이 있나요?
뿔과 비슷한 모양인 삼각형과 관계있는 영어 단어를 알아볼까요?

angle

angle은 '각도, 각'을 나타내는 말이에요. '삼각형'을 뜻하는 triangle은 '숫자 3'을 뜻하는 tri와 angle을 합친 말이지요. angle에는 '구부러지다'라는 뜻도 있는데, 낚싯줄을 물에 던지면 구부러지는 모양에서 따온 말이라고 해요.

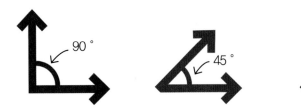  

90˚   45˚   60˚   135˚

1주 1일
학습 끝!

붙임 딱지 붙여요

corner

corner는 뿔처럼 뾰족한 '모서리'나 '구석'을 뜻하는 말이에요. 이 단어는 축구에서도 만날 수 있어요. 선수가 축구장 모서리에서 공을 차는 것을 corner kick이라고 하거든요.

corner kick

side/apex

side는 도형의 '변'을 이르는 말이에요. 삼각형은 변이 세 개 있지요. 그리고 apex는 '꼭짓점'을 가리키는 말이에요. 도형은 꼭짓점과 변, 그리고 각으로 이루어진 모양이라고 할 수 있어요.

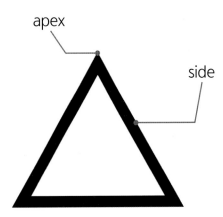

apex

side

QR 찍고 발음 듣기

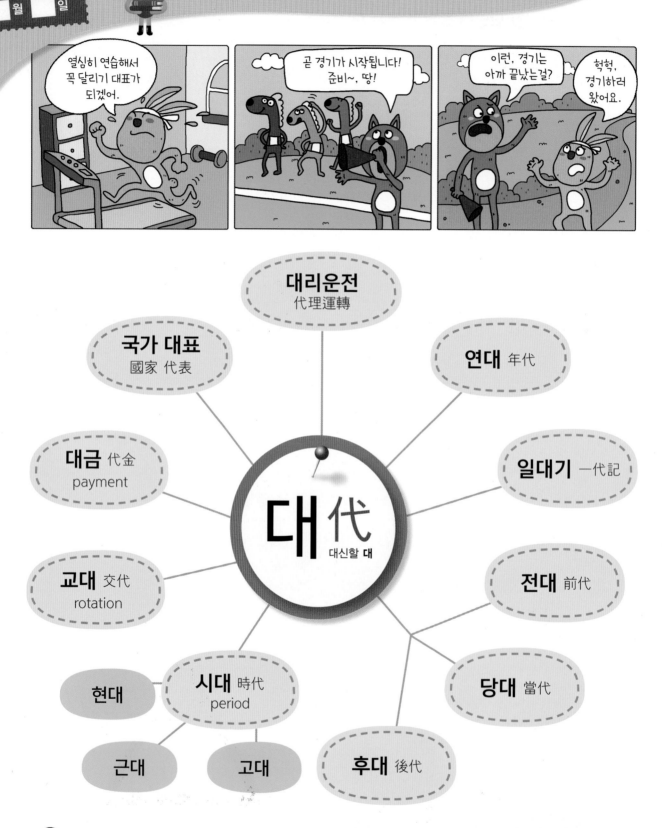

'대(代)' 자는 국가 대표, 대리운전처럼 '대신하다'라는 뜻과 연대와 일대기처럼 '시대'라는 뜻이 있어요.

1 빈칸에 들어갈 낱말을 찾아 번호를 써 보세요.

① 당대   ② 현대   ③ 고대   ④ 후대

2 초성을 참고해 빈칸에 알맞은 낱말을 써 보세요.

① 반 청소는 여럿이 [ㄱ] [ㄷ] (으)로 해요.

② 유관순이 살아온 [ㅇ] [ㄷ] [ㄱ] 은/는 너무 감동적이에요.

③ 내 꿈은 우리나라의 축구 [ㄱ] [ㄱ] [ㄷ] [ㅍ] 이/가 되는 거예요.

국가 대표
國(나라 국) 家(집 가)
代(대신할 대) 表(겉 표)

여러 사람을 대신(대신할 대, 代)해서 어떤 모임이나 집단의 일을 책임지고 하는 사람을 '대표'라고 해요. **국가 대표**는 한 나라를 대표해 활동하는 사람으로, 올림픽 국가 대표 등이 있어요.

대리운전
代(대신할 대) 理(다스릴 리/이)
運(움직일 운) 轉(구를 전)

자동차 주인이 운전할 수 없을 때, 다른 사람이 자동차 주인을 대신(대신할 대, 代)해서 운전하는 것을 **대리운전**이라고 해요. '대리'는 남을 대신하여 일 하는 것을 말해요.

연대
年(해 년/연) 代(대신할 대)

1800년대, 1900년대, 2000년대처럼, **연대**는 지나간 시간을 일정한 햇수로 나눈 것이에요. 주로 연대는 10년, 100년, 1000년 단위로 구분하지요. 또 '제작 연대'처럼 어떤 일이 일어난 해를 나타내기도 해요.

일대기
一(한 일) 代(대신할 대)
記(기록할 기)

이순신의 위인전을 읽어 보았나요? 그 책에는 이순신 이 태어나서부터 세상을 떠날 때까지의 일이 담겨 있 어요. 이처럼 어떤 사람의 일생에 관하여 적은 기록(기 록할 기, 記)을 **일대기**라고 해요.

전대 / 당대
前(앞 전) 代(대신할 대)
當(마땅할 당)

시대를 구분할 때에는, 지나간(앞 전, 前) 시대를 **전대**, 지금 시대를 **당대**, 뒤(뒤 후, 後)에 오는 세대나 시대를 '후대'라고 해요. 전대와 당대, 후대에 쓰인 '대신할 대(代)' 자는 '시대'라는 뜻이에요.

시대
時(때 시) 代(대신할 대)

'때 시(時)' 자가 쓰인 **시대**는 어떤 기준에 따라 시간이나 기간을 나눈 것이 에요. 인간의 역사는 생각이나 사는 모습 등을 기준으로 고대, 근대, 현대로 나눌 수 있어요. '고대'는 아주 오래된 시대이고, '근대'는 얼마 지나지 않은 가까운 시대, '현대'는 지금 이 시대를 뜻해요.

교대
交(사귈 교) 代(대신할 대)

교대는 어떤 일을 여러 사람이 번갈아 하는 것이에요. 또 차례나 순서에 따 라 그 일을 맡은 사람을 뜻하기도 하지요. '당번 교대', '교대 시간' 등으로 써요.

대금
代(대신할 대) 金(쇠 금)

대금은 물건을 대신해 치르는 돈(쇠 금, 金)이에 요. 즉, 물건값이지요. '우유 대금', '신문 대금'처 럼 써요.

한눈에 펼쳐 보는 우리나라 역사

　역사는 생활 모습이나 큰 변화 등을 기준으로 고대, 중세, 근대 그리고 현대로 나눠요. 우리 역사 역시 고대와 중세, 근대, 현대로 나눌 수 있지요. '고대'는 먼 옛날부터 대략 통일 신라 시대까지를 말하고, '중세'는 고려 시대를, '근대'는 보통 조선 시대와 일제 강점기를, '현대'는 6.25 전쟁 이후를 뜻하곤 하지요. 하지만 학자에 따라 시대 구분이 조금 다르기도 해요. 그러면 각 시대의 대표 유물을 살펴볼까요?

〈연표로 살펴보는 고대, 중세, 근대〉

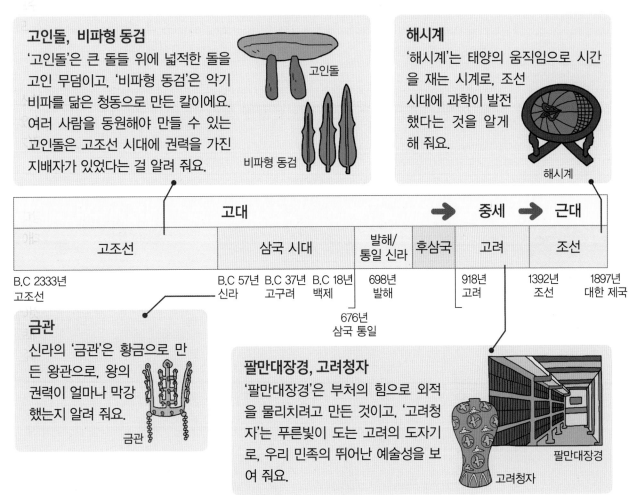

고인돌, 비파형 동검
'고인돌'은 큰 돌들 위에 넓적한 돌을 고인 무덤이고, '비파형 동검'은 악기 비파를 닮은 청동으로 만든 칼이에요. 여러 사람을 동원해야 만들 수 있는 고인돌은 고조선 시대에 권력을 가진 지배자가 있었다는 걸 알려 줘요.

고인돌
비파형 동검

해시계
'해시계'는 태양의 움직임으로 시간을 재는 시계로, 조선 시대에 과학이 발전했다는 것을 알게 해 줘요.

해시계

	고대			➡	중세	➡	근대
고조선	삼국 시대	발해/통일 신라	후삼국	고려		조선	

B.C 2333년
고조선

B.C 57년 신라　B.C 37년 고구려　B.C 18년 백제

698년 발해

676년 삼국 통일

918년 고려

1392년 조선

1897년 대한 제국

금관
신라의 '금관'은 황금으로 만든 왕관으로, 왕의 권력이 얼마나 막강했는지 알려 줘요.

금관

팔만대장경, 고려청자
'팔만대장경'은 부처의 힘으로 외적을 물리치려고 만든 것이고, '고려청자'는 푸른빛이 도는 고려의 도자기로, 우리 민족의 뛰어난 예술성을 보여 줘요.

고려청자

팔만대장경

'고려'가 우리나라의 영어 이름인 '코리아(KOREA)'의 기원이라는 것을 알고 있나요? 고려는 다른 나라와 활발하게 교류하는 나라였어요. 그래서 멀리 아라비아 상인들까지 고려를 드나들며 물건을 사고팔았지요. 이때 고려에 들어온 아라비아 상인들이 고려를 발음하면서 '코리아'라고 알려지게 되었답니다.

1 십자말풀이의 빈칸에 들어갈 말을 써 보세요.

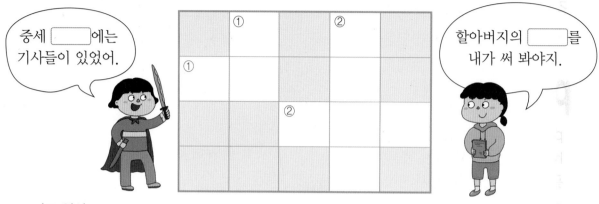

가로 열쇠

① 지나간 시간을 일정한 햇수로 나눈 거예요.
② 한 사람의 일생을 적은 글이에요.

세로 열쇠

① 어떤 기준에 의해 구분한 일정한 기간이에요.
② 나라를 대표하는 사람이에요.

2 대화를 잘 읽고, 빈칸에 공통으로 들어갈 낱말을 골라 ○ 하세요.

연대

교대

대금

3 속뜻짐작 다음 중 빈칸에 들어갈 낱말은 무엇일까요? (   )

설날, 추석 연휴가 다른 공휴일과 겹칠 경우, 연휴 다음 날을 공휴일로 대신함.

① 대안

② 대체

③ 대리

오랜 시간에 걸쳐 발전해 온 역사를 기준에 따라 나눈 것을 '시대'라고 해요.
각 시대를 영어로는 어떻게 말하는지 알아볼까요?

prehistoric times

prehistory라는 단어에서, pre는 '앞', history는 '역사'라는 뜻이에요. 역사를 기록하기 전인 '선사 시대'는 영어로 prehistoric times라고 해요.

ancient times

ancient는 '아주 오래된, 고대의'란 뜻이고, ancient times는 아주 오래된 시대, 즉 '고대'를 나타내요. the ancients는 고대 그리스인, 고대 이집트인 같은 '고대인'이에요.

I주 2일
학습 끝!

붙임 딱지 붙여요

Middle Ages

middle은 '가운데, 중간'이라는 뜻을 갖고 있죠. 그래서 Middle Ages는 중간 시대, 즉 '중세'를 뜻해요. 중세는 고대와 근·현대 사이의 중간 시대라는 뜻이에요.

modern times

modern은 '현대적인, 최신의'라는 의미인데, 영어로는 근대와 현대를 모두 modern times라고 해요.

QR 찍고 발음 듣기

로(路)가 들어간 낱말 찾기

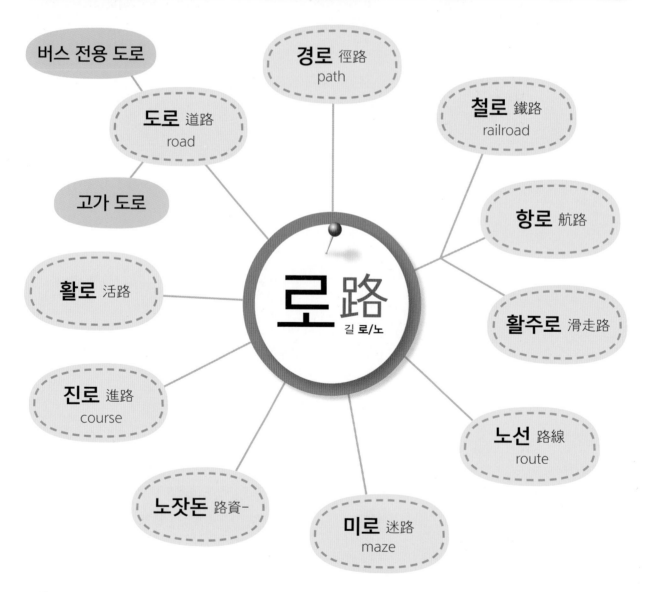

버스 전용 도로

경로 徑路
path

도로 道路
road

철로 鐵路
railroad

고가 도로

항로 航路

로 路
길 로/노

활로 活路

활주로 滑走路

진로 進路
course

노선 路線
route

노잣돈 路資-

미로 迷路
maze

 '로(路)' 자는 도로와 경로처럼 '길'이라는 뜻과 활로처럼 '방법'이라는 뜻이 있어요.

1 도로의 여러 갈래 길을 따라가서 빈칸에 들어갈 낱말을 확인해 보세요.

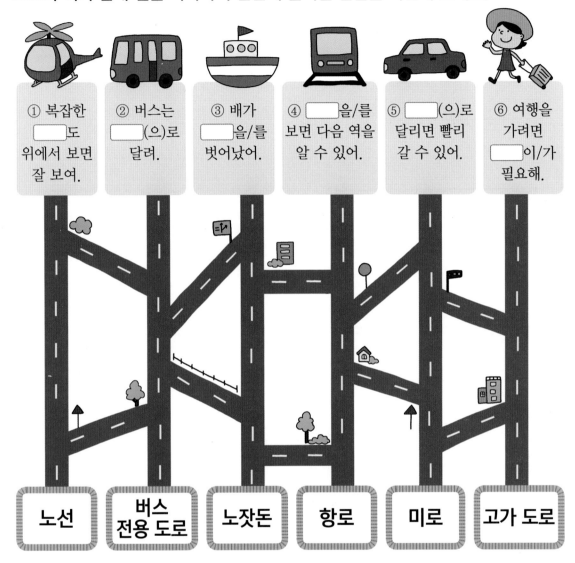

① 복잡한 ◻도 위에서 보면 잘 보여.

② 버스는 ◻(으)로 달려.

③ 배가 ◻을/를 벗어났어.

④ ◻을/를 보면 다음 역을 알 수 있어.

⑤ ◻(으)로 달리면 빨리 갈 수 있어.

⑥ 여행을 가려면 ◻이/가 필요해.

| 노선 | 버스 전용 도로 | 노잣돈 | 항로 | 미로 | 고가 도로 |

2 다음 빈칸에는 어떤 낱말이 공통으로 들어가야 할까요? 알맞은 낱말을 오른쪽에서 골라 ○ 하세요.

◻는 나아갈 길이에요.

중국을 향하던 태풍이 ◻를 바꾸었어요.

선생님께 ◻ 상담을 했어요.

진로

노선

도로
道(길 도) 路(길 로/노)

'길 도(道)'와 '길 로/노(路)' 자가 합쳐진 **도로**는 사람과 차가 다니는 크고 넓은 길을 뜻해요. 도로 중에 오로지 버스만 다니는 길은 '버스 전용 도로'라고 하고, 높게(높을 고, 高) 가로질러 놓은 도로는 '고가 도로'라고 해요.

경로
經(지날/글 경) 路(길 로/노)

경로는 거쳐서 지나가는(지날/글 경, 經) 길이에요. '태풍의 이동 경로를 표시하다.'와 같이 써요. 또한 경로는 어떤 일을 하는 방법을 뜻하기도 해서, '그 일에 대해 여러 경로로 알아보고 있어.'처럼 쓸 수 있어요.

철로 / 항로
鐵(쇠 철) 路(길 로/노) 航(배 항)

어떤 교통수단이 다니는지에 따라 길의 이름을 달리 불러요. 기차가 다니는 길은 쇠(쇠 철, 鐵)로 만들어 **철로**라고 해요. 배(배 항, 航)가 다니는 길은 **항로**, 비행기가 미끄러지듯(미끄러울 활, 滑) 달려가는(달릴 주, 走) 길은 '활주로'라고 하지요.

노선
路(길 로/노) 線(줄 선)

버스, 기차, 배, 비행기 등이 정해 놓고 오고 가는 길을 **노선**이라고 해요. '길 로/노(路)'가 낱말 앞에 오면 '로'가 아니고 '노'로 소리 나서 '버스 노선', '지하철 노선', '항공 노선' 등으로 써요.

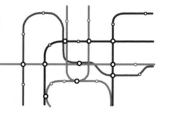

미로
迷(미혹할 미) 路(길 로/노)

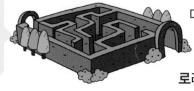

미로 공원을 가 본 적 있나요? 한번 들어가면 무엇에 홀린(미혹할 미, 迷) 것처럼 길이 헷갈려서 빠져나오기 어려운 길을 **미로**라고 해요.

노잣돈
路(길 로/노) 資(재물 자)

'길 로/노(路)'와 '재물 자(資)' 자가 합쳐진 '노자'는 길에서 쓰는 돈이고, **노잣돈**은 멀리 떠날 때 드는 차비, 식비, 숙박비 등을 말해요.

진로
進(나아갈 진) 路(길 로/노)

진로는 앞으로 나아갈(나아갈 진, 進) 길을 뜻해요. 장래 희망도 '진로'라고 하고, 태풍 등이 나아가는 길도 '진로'라고 해요.

이번 태풍의 진로는 한반도를 벗어났습니다.

활로
活(살 활) 路(길 로/노)

'살 활(活)' 자가 쓰인 **활로**는 살기 위해 나아가는 길이에요. 어려운 일이 있거나 위험에 처했을 때 해결 방법을 찾아 살아 나갈 길을 찾지요? 이럴 때 '활로를 찾다.'라고 표현할 수 있어요.

우리나라 곳곳을 이어 주는 고속 도로

도로에는 버스 전용 도로, 자전거 도로, 고가 도로, 고속 도로 등 다양한 도로가 있어요. 그중에 '고속 도로'는 차들이 빠른 속도로 달릴 수 있는 도로예요. 차들이 빨리 달리려면 도로가 넓고 안전하게 만들어져야 해요. 그런데 이런 고속 도로는 언제 처음 만들어졌을까요? 우리나라 최초의 고속 도로는 1968년에 개통된 경인 고속 도로예요. '경인'은 서울을 뜻하는 '서울 경(京)' 자와 인천의 앞 글자인 '인'을 따서 붙인 거예요. 경인 고속 도로는 우리나라 발전에 많은 도움이 되었어요. 그 뒤로 속속 생겨난 고속 도로는 우리나라 곳곳을 연결하여 나라를 균형 있게 발전시켰답니다.

〈고속 도로의 좋은 점〉

원하는 곳으로 빨리 오고 갈 수 있어요.

공항까지 빨리 갈 수 있어서 물건을 수출할 때에도 도움이 돼요.

물건을 실은 차들이 안전하게 빨리 오갈 수 있어요.

고속 도로가 가장 먼저 만들어진 나라는 독일로, '고속 도로'라는 이름도 독일에서 생겨났어요. 고속 도로는 독일어로 '아우토반(Autobahn)'이라고 해요. 아우토반은 제한 속도가 없는 도로로 알려져 있어요. 하지만 사고를 줄이기 위해 곳곳에 속도를 제한하는 표지판이 있어요.

1 다음 빈칸에 들어갈 낱말은 무엇일까요? 뜻풀이를 읽고, 보기 에 있는 글자들을 이용해 알맞은 낱말을 만들어 주세요. '로' 자는 중복해서 쓸 수 있어요.

비행기가 뜨거나 내리는 길

차가 다니는 길

앞으로 나아갈 길

보기 진 활 로 주 도

2 밑줄 친 낱말의 뜻을 찾아 선으로 연결해 주세요.

앨리스는 토끼의 도움으로 **미로**를 빠져나올 수 있었어. •

태풍이 **진로**를 바꾸어서 다른 나라로 갔어. •

• 앞으로 나아갈 길

• 어지럽게 얽혀 있어 빠져나오기 어려운 길

3 속뜻짐작 아래에서 '길 로/노(路)' 자와 관련된 낱말을 모두 찾아 ○ 하세요.

경로석

대로

로봇

전자 회로

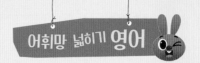

도로에는 사람과 자동차들이 안전하게 다닐 수 있게 돕는 여러 장치들이 있어요.
이런 장치들을 영어로는 어떻게 표현하는지 알아볼까요?

crosswalk

crosswalk는 '횡단보도'예요. crosswalk를 건널 때는 꼭 차가 오는지 앞뒤로 살피고 천천히 건너야 해요.

traffic light

traffic light는 사람과 자동차가 안전하게 다닐 수 있도록 도와주는 '신호등'이에요. '교통'을 뜻하는 traffic과 '불빛'을 뜻하는 light를 같이 쓰면 신호등이 돼요.

I주 3일
학습 끝!

붙임 딱지 붙여요

road sign

도로에는 다양한 표지판이 있어요. 이 '도로 표지판'을 road sign, 또는 traffic sign이라고 하지요. 여기서 road는 '길', sign은 '간판'이나 '팻말'을 뜻해요.

speed bump

speed는 '(사람이나 자동차)속도를 내다'라는 뜻이에요. 빨리 달리면 위험한 곳에는 과속 방지 턱이 있지요? '과속 방지 턱'은 speed bump라고 해요.

one-way traffic

one-way traffic은 한 방향으로만 갈 수 있는 길을 의미해요. 우리말로는 '일방통행'이라고 하지요.

QR 찍고 발음 듣기

04 계(界)가 들어간 낱말 찾기

히히, 경계선 오른쪽은 다 내 거야.

에이, 경계선을 괜히 그렸네!

자연계 自然界

세계사

세계관

경계 境界
boundary

세계 世界
world

타계 他界

계 界
지경 계

한계 限界
limit

외계인 外界人
alien

군사 분계선
軍事 分界線

각계각층
各界各層

법조계

종교계

1 힌트 를 참고하여, 공책의 빈칸에 들어갈 낱말을 아래에서 찾아 ○ 하세요.

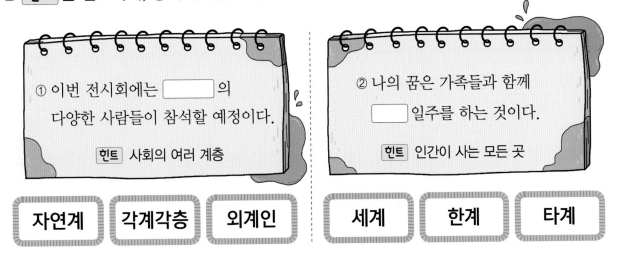

① 이번 전시회에는 [ ]의 다양한 사람들이 참석할 예정이다.

힌트 사회의 여러 계층

자연계   각계각층   외계인

② 나의 꿈은 가족들과 함께 [ ]일주를 하는 것이다.

힌트 인간이 사는 모든 곳

세계   한계   타계

2 다음 뜻을 나타내는 낱말을 찾아 색연필과 같은 색으로 칠해 보세요.

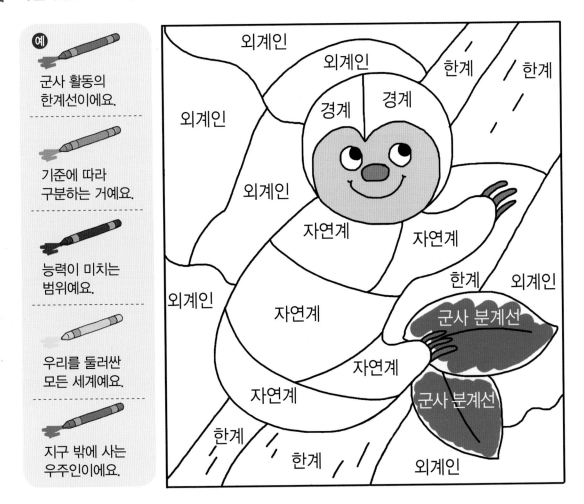

예

군사 활동의 한계선이에요.

기준에 따라 구분하는 거예요.

능력이 미치는 범위예요.

우리를 둘러싼 모든 세계예요.

지구 밖에 사는 우주인이에요.

경계
境(지경 경) 界(지경 계)

경계는 어떠한 기준에 따라 나누어 놓은 자리를 나타내는 말이에요. 경계가 되는 선을 '경계선'이라고 해요.

자연계
自(스스로 자) 然(그럴 연)
界(지경 계)

자연계는 스스로(스스로 자, 自) 이루어진(그럴 연, 然) 세계로, 우리를 둘러싸고 있는 산과 들, 땅과 하늘, 바다, 수많은 동식물을 통틀어 이르는 말이에요. 동물계, 식물계, 광물계로 구분할 수 있어요.

세계
世(세상 세) 界(지경 계)

'세상 세(世)' 자가 쓰인 **세계**는 인간이 살아가는 모든 곳을 뜻해요. 세계에 '역사 사(史)' 자를 붙인 '세계사'는 세계의 역사이고, '볼 관(觀)' 자가 붙은 '세계관'은 세계를 보는 태도나 방법이에요. 고유어로는 '누리'라고 해요.

한계
限(한정 한) 界(지경 계)

일이나 운동을 하다가 너무 힘들어 더는 계속할 수 없을 때, '이제 한계에 부딪혔어!'라고 해요. **한계**는 능력, 힘, 책임 등이 미치는 끝부분(한정 한, 限)이에요. 한계가 되는 선을 '한계선', 한계가 되는 지점을 '한계점'이라고 하지요.

군사 분계선
軍(군사 군) 事(일 사)
分(나눌 분) 界(지경 계) 線(줄 선)

전쟁 중인 나라들이 충돌을 막기 위해 군사 활동 지역을 나눌(나눌 분, 分) 때, 경계가 되는 선(줄 선, 線)을 **군사 분계선**이라고 해요. 우리나라를 남한과 북한으로 나누고 있는 휴전선이 바로 군사 분계선이에요.

각계각층
各(각각 각) 界(지경 계)
層(층 층)

각계각층은 사회의 여러 분야와 다양한 계층을 아울러 나타내는 말이에요. 종교 분야인 '종교계', 법 관련 분야인 '법조계' 등을 한번에 부를 때 써요.

외계인
外(바깥 외) 界(지경 계)
人(사람 인)

지구의 바깥(바깥 외, 外) 세계를 '외계'라고 하고, 지구가 아닌 별에서 살고 있다고 여겨지는 생명체를 **외계인**이라고 해요. 비슷한말로 '우주인'이 있어요.

타계
他(다를 타) 界(지경 계)

타계는 인간이 사는 세상과 다른(다를 타, 他) 세계(지경 계, 界), 또는 사회적으로 지위가 높고 귀한 사람이 죽은 것을 뜻해요. 그래서 존경받는 인물이 죽으면 '타계하셨다'라고 말해요.

생태계 속의 생산자와 소비자

인간을 둘러싼 자연계 중에서 여러 생물이 서로 영향을 주고받으면서 사는 세계를 '생태계'라고 해요. 그런데 생태계에도 생산자와 소비자가 있다는 걸 알고 있나요? '생산자'는 살아가는 데 필요한 것을 만드는 존재이고, '소비자'는 써서 없애는 존재이지요. 생태계 속 생산자는 식물이에요. 생산자인 식물은 영양분을 스스로 만들 수 있고 다른 생물의 먹이가 되지요. 반면 생태계 속 소비자는 동물들로, 먹이에 따라 1차, 2차, 3차 등으로 구분할 수 있어요.

〈먹이 피라미드〉

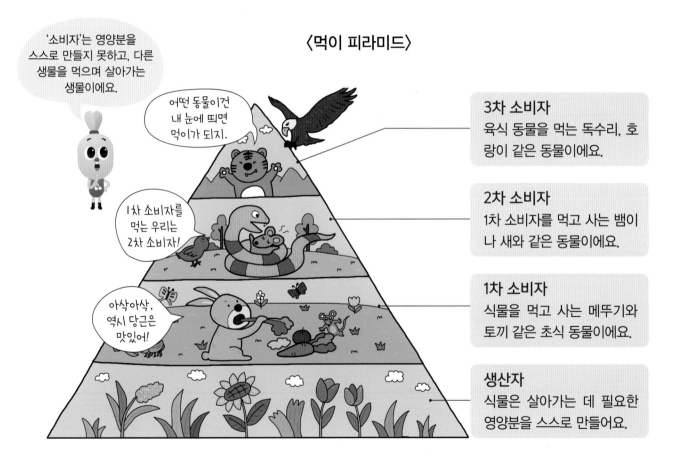

'소비자'는 영양분을 스스로 만들지 못하고, 다른 생물을 먹으며 살아가는 생물이에요.

어떤 동물이건 내 눈에 띄면 먹이가 되지.

1차 소비자를 먹는 우리는 2차 소비자!

아삭아삭, 역시 당근은 맛있어!

3차 소비자
육식 동물을 먹는 독수리, 호랑이 같은 동물이에요.

2차 소비자
1차 소비자를 먹고 사는 뱀이나 새와 같은 동물이에요.

1차 소비자
식물을 먹고 사는 메뚜기와 토끼 같은 초식 동물이에요.

생산자
식물은 살아가는 데 필요한 영양분을 스스로 만들어요.

생태계에서 가장 힘이 셀 것 같은 3차 소비자도 분해자에 의해서 다시 자연으로 돌아가요. 나누고(나눌 분, 分) 쪼개는(풀 해, 解) 일을 하는 '분해자'는 버섯, 곰팡이, 세균 등이 있지요. 분해자에 의해 분해된 물질은 흙 속의 양분이 되어 다시 생산자인 식물이 이용해요.

1 밑줄 친 낱말이 각각 어떤 뜻인지 찾아 선으로 이어 주세요.

내 인내심이 **한계**에 다다랐어! •

나는 커서 **세계** 일주를
해 보고 싶어. •

군사 분계선이 만들어졌어. •

• 지구 안의 모든 나라, 또는
우리가 살아가는 세상 전체

• 전쟁 중인 양쪽이 정한
군사 활동의 한계선

• 힘이 미치는 경계

2 빈칸에 들어갈 낱말이 적혀 있는 옷을 찾아서 선으로 이어 주세요.

3 속뜻짐작 빈칸에 공통으로 들어갈 낱말을 골라 ○ 하세요.

자연계

신세계

전 세계

영어에도 모둠, 세계와 관련 있는 단어들이 있어요.
어떤 영어 단어들이 있는지 살펴볼까요?

group

group은 '무리, 집단'을 말해요. 반에서 모둠을 나눌 때 group이라고 할 수 있지요. 또 여자 가수 여러 명이 떼를 지어 활동하면 girl group이라고 하고, 남자의 경우는 boy band라고 하지요.

girl group

community

community는 '공동체'라는 뜻을 가지고 있어요. 특정 지역이나 국가 등에 사는 사람들을 말하지요. 우리 동네에 있는 '주민 자치 센터'를 영어로는 Community Service Center라고 해요.

주민 자치 센터

I주 4일
학습 끝!

붙임 딱지 붙여요

world

우리가 살고 있는 '세계'를 world라고 해요. world에는 수많은 사람들이 함께 어울려 살고 있지요. '세계 기록'은 world record, '월드컵'은 world cup, '세계 유산'은 world heritage 등으로 표현해요.

수업 시간에 졸기로는 네가 아마 세계 최고일 거야.

소(消)가 들어간 낱말 찾기

취소 取消
cancel

소멸 消滅

소염제 消炎劑

소진 消盡

소비자 消費者
consumer

소모 消耗

소 消
사라질 소

해소 解消
solve

소방 消防

소독약 消毒藥

소화 消化
digestion

소화액

소화 기관

소화제

1 공책에 적혀 있는 질문을 읽고, 칠판에서 알맞은 낱말을 찾아 좋아하는 색으로 색
칠해 주세요.

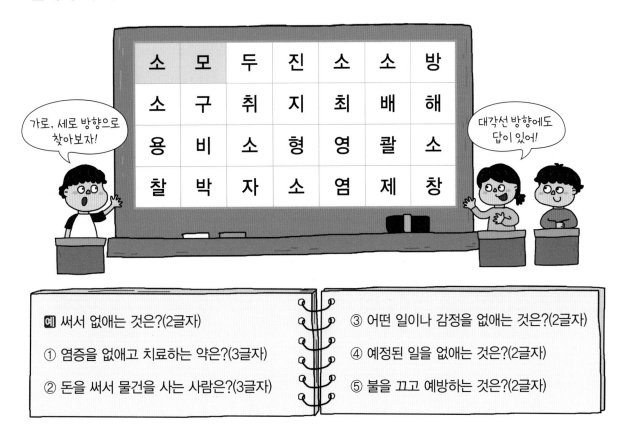

소	모	두	진	소	소	방
소	구	취	지	최	배	해
용	비	소	형	영	콸	소
찰	박	자	소	염	제	창

가로, 세로 방향으로 찾아보자!

대각선 방향에도 답이 있어!

예 써서 없애는 것은?(2글자)

① 염증을 없애고 치료하는 약은?(3글자)

② 돈을 써서 물건을 사는 사람은?(3글자)

③ 어떤 일이나 감정을 없애는 것은?(2글자)

④ 예정된 일을 없애는 것은?(2글자)

⑤ 불을 끄고 예방하는 것은?(2글자)

2 글자 카드에서 필요 없는 글자에 X 하여 빈칸에 들어갈 낱말을 만들어 보세요.

음식을 먹을 때는 꼭꼭 씹어야 ☐☐이/가 잘돼.

위, 소장, 대장 등은 우리 몸의 ☐☐☐(이)야.

소	염	화	자

소	화	방	기	곤	관

소모 / 소진
消(사라질 소) 耗(줄을 모)
盡(다할 진)

'소모', '소진', '소멸'에는 모두 '사라진다(사라질 소, 消)'는 의미가 있어요. **소모**는 어떤 것을 써서 줄어들게(줄을 모, 耗) 하는 거예요. **소진**은 어떤 것이 점점 닳아 없어지는(다할 진, 盡) 것이고, '소멸'은 무언가가 힘이 약해져서 없어지는(멸망할 멸, 滅) 것이에요.

취소
取(가질 취) 消(사라질 소)

비 때문에 친구랑 놀러 가기로 한 약속이 취소된 기억이 있나요? '가질 취(取)' 자에 '사라질 소(消)' 자가 합쳐진 **취소**는 예정된 일을 없애 버리는 것을 의미해요. 고유어인 '무름'으로 바꾸어 쓸 수 있어요.

소염제
消(사라질 소) 炎(불꽃 염)
劑(약 지을 제)

우리 몸에 염증이 생기면 아프고 열이 나지요? '불꽃 염(炎)'과 '약 지을 제(劑)' 자가 쓰인 **소염제**는 염증을 사라지게 하는 약이에요. '항염증약'이라고도 해요.

소비자
消(사라질 소) 費(쓸 비) 者(사람 자)

소비자는 물건이나 돈 등을 쓰는(쓸 비, 費) 사람(사람 자, 者)이에요. 소비하는 양을 나타낼 때는 '헤아릴 량/양(量)' 자를 써서 '소비량'이라고 해요.

해소
解(풀 해) 消(사라질 소)

해소는 좋지 않은 일이나 감정 따위를 풀어서(풀 해, 解) 없애거나 해결하는 것이에요. '스트레스 해소', '갈증 해소', '교통난 해소'와 같이 써요.

소독약
消(사라질 소) 毒(독 독) 藥(약 약)

독(독 독, 毒)이 있는 약(약 약, 藥)을 '독약'이라고 해요. 독약 앞에 '사라질 소(消)' 자를 붙인 **소독약**은 독을 사라지게 하는 약이에요.

소화
消(사라질 소) 化(될/변화할 화)

소화는 먹은 음식을 잘 부수고 녹여서 영양분을 흡수하기 쉽게 변화시키는(될/변화할 화, 化) 거예요. 소화를 도와주는 약은 '소화제', 소화를 시키는 몸속 기관은 '소화 기관', 소화를 돕는 액체는 '소화액'이라고 하지요.

소방
消(사라질 소) 防(막을 방)

불을 끄는 일이나 불을 미리 막는 일을 '막을 방(防)' 자를 써서 **소방**이라고 해요. 소방 업무를 맡고 있는 사람(벼슬 관, 官)은 '소방관'이에요.

동물들의 소화

　지구상의 많은 동물들은 생김새도 다르고 먹이도 달라요. 그래서 몸으로 들어온 음식물을 잘게 부수어 없애는 '소화 기관'도 각각 다르지요. 그럼 동물마다 다른 다양한 소화 기관을 알아볼까요?

〈동물들의 다양한 소화 기관〉

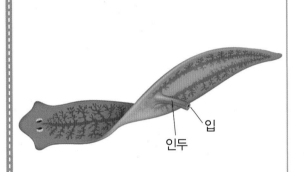

플라나리아
몸 아랫면 가운데에 먹이를 빨아들이는 인두가 있어요. 항문이 따로 없어서 배설도 입으로 해요.

닭
이빨이 없는 대신 먹이를 저장하는 모이주머니와 단단한 것을 잘게 부수는 모래주머니가 소화를 도와요.

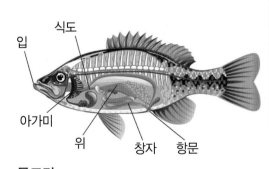

물고기
입으로 섭취한 먹이는 식도와 위, 창자를 거치며 소화돼요. 창자는 주름이 많아 영양분 흡수가 잘 되지요. 소화되지 않은 것은 항문으로 나가요.

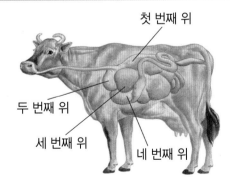

소
위가 4개예요. 소화가 잘되지 않는 억센 풀 등의 먹이를 4개의 위에서 여러 번 되새김질하여 부드럽게 만들어요.

1 다음 빈칸에 들어갈 낱말을 찾아 ○ 하세요.

| 소각 | 해소 | 소화 | | 취소 | 소멸 | 소진 |

2 빈칸에 공통으로 들어갈 낱말을 찾아 색칠해 보세요.

소화제

소화

소염제

3 속뜻짐작 빈칸에 들어갈 낱말을 찾아 선으로 이어 보세요.

불이 났어요.
어서 [　] 을/를 가져와요.

•

• 소실

전쟁으로 모든 문화재가
[　] 되었어요.

•

• 소등

이 건물은 밤 10시면
불을 끄는 [　] 을/를 해.

•

• 소화기

'소화'는 음식물이 우리 몸속에 들어가서 흡수되는 과정이에요.
음식이 우리 몸속에서 어떤 과정을 거쳐 소화되는지 영어 단어와 함께 알아보아요.

mouth

mouth는 우리 몸에서 소화 기관의 시작인 '입'이에요. '입을 벌려라.'는 'Open your mouth.', '입을 다물어라.'는 'Close your mouth.'라고 해요.

throat

throat는 입과 위를 연결하는 기다란 길인 '식도'예요. '목구멍, 목'을 뜻하기도 해서, 감기에 걸려 목이 아플 때는 'I have a sore throat.'라고 말해요.

stomach

stomach는 우리 몸속에 주머니처럼 생긴 소화 기관인 '위'를 뜻해요. ache는 '통증'이라는 뜻으로, stomachache라고 하면 '위의 통증'을 뜻해요.

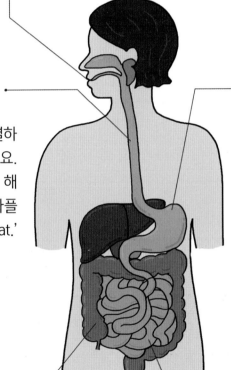

large intestine & small intestine

intestine은 우리 몸속에 있는 '장'을 뜻해요. '대장'은 한자로 '큰 대(大)' 자를 쓰지요? 영어에서도 대장은 '크다'라는 뜻의 large를 써서 large intestine이라고 해요. 또 '소장'이 한자로 '작을 소(小)' 자를 사용하듯이, 영어에서도 소장은 '작다'라는 뜻인 small을 써서 small intestine이라고 해요.

1주 5일
학습 끝!

붙임 딱지 붙여요

QR 찍고 발음 듣기

고집이 센 사람 '벽창호'

이건 창의성이 부족해. 이번 발표는 창의성이 중요하다고 했잖아.

그럴 필요 없다니까! 인기 있는 주제가 중요해!

어휴! 답답해! 완전 벽창호라니까!

뭐?!

?

탕-

남의 이름을 부르려면 똑바로 불러. 내 이름은 '박창호'거든!

뭐?!

벌떡-

네 이름이 아니라, 벽. 창. 호! 넌 벽창호도 모르니?

벽창호? 그게 뭔데?

벽에 붙이는 창호지가 벽창호잖아. 고집불통의 사람을 벽창호라고 부른다고!

흥!

뭐야?

?!

하하, 고집불통의 사람을 벽창호라고 부르지만, 벽에 붙이는 창호지에서 유래한 건 아니란다.

정말요?

그럼 뭐예요?

벽창호(푸를 벽 碧, 창성할 창 昌 -): 매우 둔하며 고집이 센 사람을 일컬어요.

사실 '벽창호'는 '벽창우(碧昌牛)'에서 온 말이란다.

벽창우?

'벽창우'의 '벽창'은 평안북도의 '벽동'과 '창성'이라는 지역의 이름을 더한 거야.

중국

벽동

창성

평안북도

즉 '벽동'과 '창성'에서 나는 소(소 우, 牛)를 뜻하는 거란다.

정말요?

치~ 아는 척은······.

이 두 지역에서 나는 소가 매우 억세기 때문에, 고집이 센 사람을 두고 그러한 비유가 생겨난 거야.

뭐야~

아······.

그런데 '벽창우'가 '벽창호'로 바뀐 것은 아마 '벽(壁)'에 빈틈없이 바른 창호지가 답답하게 느껴져서 그런 것이 아닐까?

그렇구나.

아하!

선생님 말씀을 듣고 나니 기분이 좀 풀리네요. 창호지보다는 소가 낫죠. 제가 소띠거든요.

하하하

성격은 좋다니까!

공(共)이 들어간 낱말 찾기

공부한 날짜 　월 　일

공감 共感 sympathy

공통점 共通點

공유 共有 share

공공 公共 public

공용 共用

공공시설　공공요금

공 共 함께 공

공익 共益 public interest

공화국 共和國 republic

공생 共生

공산주의 共産主義 communism

공동체 共同體 community

1 아래의 낱말 풀이를 읽고, 빈칸을 채워 낱말 퍼즐을 완성해 보세요.

① 다른 사람의 마음을 함께 느끼는 거예요.
② 다른 사람과 물건을 함께 사용하는 거예요.
③ 서로 같거나 비슷한 거예요.

④ 생활이나 행동을 함께하는 집단이에요.
⑤ 서로 도우며 함께 사는 거예요.
⑥ 모두의 이익을 뜻하는 거예요.

2 빈칸에 공통으로 들어갈 낱말을 보기 에서 찾아 써 보세요.

주권이 국민에게 있는 나라를 ☐☐(이)라고 해.

대한민국, 미국, 프랑스 등은 민주 ☐☐(이)구나.

보기   공화국   공통점   공동체

☐ ☐ ☐

공통점
共(함께 공) 通(통할 통)
點(점 점)

여럿 사이에서 같거나 비슷해서 서로 통하는(통할 통, 通) 점(점 점, 點)을 **공통점**이라고 해요. 비슷한말로 '한 가지 동(同)'과 '한 일(一)' 자를 쓰는 '동일'이 있어요.

공감
共(함께 공) 感(느낄 감)

공감은 어떤 것에 대하여 함께(함께 공, 共) 느끼는(느낄 감, 感) 생각이나 감정이에요. 공감하는 부분은 '공감대'라고 하지요. 비슷한말로 '한가지 동(同)' 자를 쓰는 '동감'이 있어요.

공유 / 공용
共(함께 공) 有(있을 유)
用(쓸 용)

공유는 두 사람 이상이 어떤 것을 함께 갖는(있을 유, 有) 거예요. 지구의 모든 생명체는 물과 공기를 공유하고, 가정에서는 식구끼리 집을 공유하지요. **공용**은 함께 사용한다(쓸 용, 用)는 뜻이고, '공익'은 모두의 이익(더할 익, 益)을 가리켜요.

공생
共(함께 공) 生(날 생)

공생은 서로 도우며 함께 사는(날 생, 生) 거예요. 그렇게 살면 좋은 일이 많이 생기겠지요? 그래서 공생은 '우린 공생 관계야!'처럼 좋은 의미로 많이 써요.

우리 서로 도우며 살자!

그래!

악어 새

악어

공동체
共(함께 공) 同(한가지 동)
體(몸 체)

생활이나 행동 등을 여럿이 한 몸(몸 체, 體)처럼 함께하는 모임을 **공동체**라고 해요. 가족이나 반, 학교, 지역 사회 등이 모두 공동체예요.

공산주의
共(함께 공) 産(낳을 산)
主(주인 주) 義(옳을 의)

'공산'은 필요한 물건을 함께(함께 공, 共) 일하여 만든다(낳을 산, 産)는 뜻이에요. **공산주의**는 개인의 재산을 인정하지 않고, 계급이 없는 평등한 사회를 만들려는 생각이지요.

공화국
共(함께 공) 和(화할/화목할 화)
國(나라 국)

공화국은 국민이 뽑은 대표자가 다스리는 나라예요. 여기서 '공화'는 일이나 결정을 여럿이 함께(함께 공, 共) 하는 거예요. 공화국의 반대는 왕이나 귀족이 나라를 다스리는 '군주 국가'예요.

공공
公(공평할 공) 共(함께 공)

사회의 모든 사람에게 두루 얽혀 있는 일을 '공평할 공(公)' 자를 써서 **공공**이라고 해요. '공공시설'에는 도서관, 우체국 등이 있으며, '공공요금'에는 전기 요금, 수도 요금 등이 있어요.

서로 돕는 관계, 피해를 주는 관계

'공생'은 서로 도우며 함께(함께 공, 共) 살아가는(날 생, 生) 관계를 뜻해요. 생태계에는 많은 생물들이 다양한 형태의 '공생 관계'를 맺고 살아가지요. 생물들이 공생을 하는 이유는 서로에게 이익을 주기 때문이에요. 한편 공생과는 다르게 한쪽은 이익을 얻지만 한쪽은 피해를 보는 '기생 관계'도 있어요. '부칠 기(寄)'와 '날 생(生)' 자를 쓰는 '기생'은 스스로 생활하지 않고 남에게 붙어사는 것을 의미하지요. 우리 몸에도 기생 생물이 있는데, 바로 '기생충'이에요. 기생충은 사람의 몸에 붙어살면서 영양분을 빼앗으며 살아간답니다. 그럼 공생하는 생물과 기생하는 생물을 만나 볼까요?

공생 관계	기생 관계
흰동가리와 말미잘 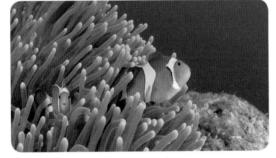 흰동가리는 말미잘 속에 숨어 사는 대신 말미잘의 병든 촉수를 청소해 주어요. 말미잘 촉수의 독은 흰동가리에게 영향을 미치지 않지요.	**버섯**  버섯은 주로 그늘진 곳의 나무에 붙어살아요. 버섯은 스스로 영양분을 만들기보다 나무의 영양분을 빨아먹으며 살지요.
나비와 꽃  나비는 꽃의 꿀을 먹고, 꽃은 나비를 통해 꽃가루를 다른 꽃에게 옮겨 번식할 수 있어요. 나비와 꽃은 이렇게 서로 도우며 살아가요.	**진딧물**  식물을 키우다 보면 까맣게 낀 진딧물을 볼 수 있어요. 진딧물은 식물에 붙어 영양분과 수분을 빨아먹으며 살아요.

1 밑줄 친 낱말의 뜻을 찾아 선으로 연결해 주세요.

탕수육, 축구, 게임을 좋아하는 건 우리의 **공통점**이야. •

• 사회의 여러 사람에게 두루 관계되는 것

공공장소에서는 지켜야 할 규칙이 있어. •

• 둘 또는 그 이상의 여럿 사이에 두루 통하는 점

2 사진에 어울리는 낱말을 보기에 있는 글자들을 이용해 만들어 보세요.

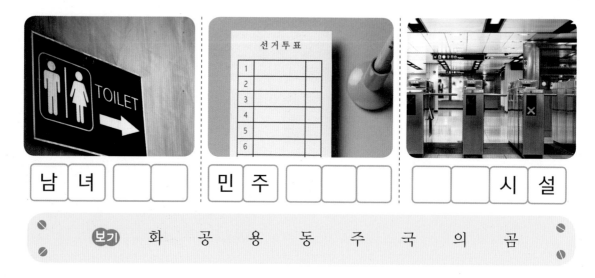

| 남 | 녀 | | |

| 민 | 주 | | | |

| | | 시 | 설 |

보기 화 공 용 동 주 국 의 곰

3 속뜻짐작 빈칸에 공통으로 들어갈 낱말을 찾아 색칠해 주세요.

발자국이 여러 개인 걸 보니 ☐ 이/가 있어.

내가 범인과 함께한 ☐ (이)란 걸 모르겠지?

공유

공범

공존

수도, 철도, 우편 등 여럿이 함께 사용하고 대가를 내는 것이 공공요금이에요.
공공요금은 어떤 것들이 있는지 영어로 살펴볼까요?

〈공공시설 이용 요금〉

공공시설 이용 요금으로는 postal fee(우편 요금), subway fare(지하철 요금), admission fee(박물관이나 공연의 입장료), parking rate(주차 요금) 등이 있어요.

postal fee

postal fee는 편지나 물건 등을 우체국에서 보낼 때 내는 요금을 말해요. post는 '우편', post office는 '우체국'이라는 뜻이에요.

railroad fee

railroad fee는 railroad(철도)를 이용하는 fee(요금)예요. road는 '길'이라는 뜻이고, railroad는 레일이 깔려 있는 길, 즉 '철도'이지요.

2주 1일
학습 끝!

붙임 딱지 붙여요

〈공공요금〉

국가가 국민을 위해 제공하는 것을 쓰고 내는 공공요금에는 수도 요금(water bill), 전기 요금 (electricity bill), 가스 요금(gas bill) 등이 있어요.

water bill

water bill은 물을 쓰고 내는 '수도 요금'을 의미해요. water(물)와 bill(요금)이 합쳐진 말이지요. bill 앞에 gas(가스)가 오면 gas bill로 '가스 요금', electricity(전기)가 오면 electricity bill로 '전기 요금'을 뜻해요.

왜 이렇게 많이 나오지?

utility bills

utility bills는 공공요금을 말해요. 앞에 '많은 사람들, 대중'을 의미하는 public을 붙여 public utility bills라고도 해요. 우리나라에서 전기 요금, 수도 요금 등이 '관리비'에 함께 나오는 것처럼 미국에서도 utility bills에 모든 요금이 포함되어 나와요.

QR 찍고 발음 듣기

공부한 날짜
☐ 월 ☐ 일

독(讀)이 들어간 낱말 찾기

필독서 必讀書

독후감 讀後感
book report

정독

다독

낭독

독서 讀書
reading

독심술 讀心術
mind reading

독 讀
읽을 독

정기 구독
定期 購讀
subscription

해독 解讀

주경야독
書耕夜讀

판독 判讀

독해 讀解

 '독(讀)' 자에는 독서처럼 '읽다'라는 뜻과 판독처럼 '풀이하다'라는 뜻이 있어요.

50

1 친구가 책상에 앉아 책을 읽으려고 해요. 독서와 관련된 낱말만 따라가면 친구를 책상이 있는 곳까지 데려갈 수 있어요. 출발해 볼까요?

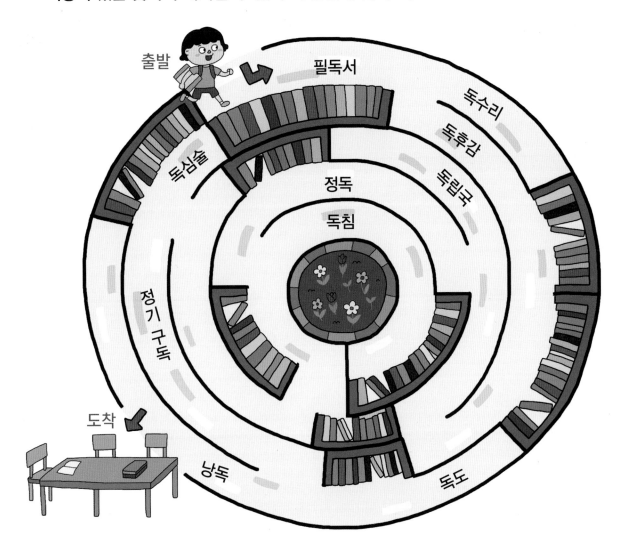

2 빈칸에 어떤 낱말이 들어가야 할지 찾아서 선으로 연결해 주세요.

우아, 책이 많은 걸 보니, 너는 ⬚을 하는구나. •

• 정기 구독

오늘은 잡지가 오는 날이야. ⬚을 신청했거든. •

• 다독

독서
讀(읽을 독) 書(글 서)

글이나 책을 읽는(읽을 독, 讀) 것을 '글 서(書)' 자를 써서 **독서**라고 해요. 이때 뜻을 새겨 자세히 읽는 것은 '정독', 많이(많을 다, 多) 읽는 것은 '다독', 소리 내서 읽는 것은 '낭독'이라고 해요.

필독서
必(반드시 필) 讀(읽을 독) 書(글 서)

'반드시 필(必)'과 '글 서(書)' 자가 합쳐진 **필독서**는 반드시 읽어야 할 책들을 의미해요. '어린이 필독서 100선'처럼 쓸 수 있어요.

독후감
讀(읽을 독) 後(뒤 후) 感(느낄 감)

독후감은 책을 읽고 난 뒤(뒤 후, 後)에 느낌(느낄 감, 感)이나 깨달은 바를 글로 적은 거예요. 독서 후에 책의 줄거리나 생각 등을 글로 정리해 놓으면 오랫동안 기억할 수 있고 생각의 폭도 넓어져요.

정기 구독
定(정할 정) 期(기약할 기) 購(살 구) 讀(읽을 독)

책이나 잡지 등을 사서(살 구, 購) 읽는 것을 '구독'이라고 해요. 여기에 '정할 정(定)'과 '기약할 기(期)' 자가 붙은 **정기 구독**은 날짜나 기한을 정해 놓고 구독한다는 뜻이에요. 보통 신문이나 잡지 등을 정기 구독해요.

주경야독
晝(낮 주) 耕(밭 갈 경) 夜(밤 야) 讀(읽을 독)

주경야독은 낮(낮 주, 晝)에는 밭을 갈고(밭 갈 경, 耕), 밤(밤 야, 夜)에는 글을 읽는다는 뜻이에요. 바쁘고 어려운 상황에서도 꿋꿋하게 공부를 한다는 말이에요.

독해
讀(읽을 독) 解(풀 해)

독해는 글을 읽어서(읽을 독, 讀) 의미를 풀어내어(풀 해, 解) 이해하는 것을 일컬어요. 독해 뒤에 '힘 력/역(力)' 자가 붙으면, 독해를 하는 능력이라는 뜻의 '독해력'이 돼요.

판독 / 해독
判(판단할 판) 讀(읽을 독) 解(풀 해)

'판단할 판(判)' 자가 들어가는 **판독**과 '풀 해(解)' 자가 들어가는 **해독**은 어려운 글이나 암호 등의 뜻을 헤아리며 읽는 것이에요.

비디오 판독

독심술
讀(읽을 독) 心(마음 심) 術(재주 술)

다른 사람의 마음을 훤히 들여다볼 수 있다면 어떨까요? 이렇게 사람의 마음(마음 심, 心)을 읽는 기술(재주 술, 術)을 **독심술**이라고 해요. 독심술은 상대의 얼굴 표정이나 몸가짐, 움직임 등으로 속마음을 알아내요.

독후감을 쓰는 다양한 방법

독후감은 '읽을 독(讀)'과 '뒤 후(後)', '느낄 감(感)' 자가 합쳐진 말로, 책을 읽고 난 다음에 쓰는 느낌이나 감상이에요. 그런데 독후감은 어떻게 쓰면 좋을까요? 독후감을 쓰는 방법에는 여러 가지가 있어요. 책을 읽고 난 뒤의 감상을 '일기'처럼 적을 수 있고, '편지'처럼 쓸 수도 있어요. 책 속의 주인공이나 등장인물에게 안부를 묻고, 책 속의 내용에 대해서 궁금한 점이나 하고 싶은 말을 편지처럼 쓰는 것이지요. 혹은 책 내용을 만화나 그림으로 그려도 재미있는 독후감이 될 수 있어요. 또 '퀴즈 독후감'을 쓰면 어떨까요? 책 속의 내용을 퀴즈로 내고 맞추어 보면서 책 내용을 정리할 수 있지요. 하지만 꼭 이런 방법들만 있는 것은 아니에요. 나만의 방법으로 세상에 하나 밖에 없는 나만의 독후감을 써 보세요.

퀴즈는 어떤 질문에 대한 답을 알아맞히는 놀이로, 수수께끼와 비슷한말이에요. 그리스 신화 속에는 스핑크스가 낸 재미있는 퀴즈가 있어요. 스핑크스는 테베의 돌산을 지나가는 사람에게 "아침에는 네 다리로, 낮에는 두 다리로, 밤에는 세 다리로 걷는 것은 무엇이냐?"라고 퀴즈를 내어 풀지 못하면 잡아먹었지요. 그러다가 오이디푸스가 "그것은 사람이다."라고 맞히는 바람에 물속에 몸을 던져 죽었다고 해요.

1 각 문장에서 밑줄 친 부분을 간단히 줄이려고 해요. 초성을 참고해 낱말을 완성하세요.

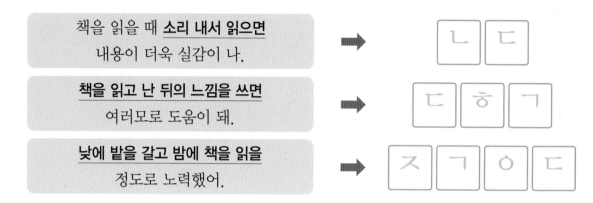

책을 읽을 때 **소리 내서 읽으면** 내용이 더욱 실감이 나. ➡ ㄴ ㄷ

책을 읽고 난 뒤의 느낌을 쓰면 여러모로 도움이 돼. ➡ ㄷ ㅎ ㄱ

낮에 밭을 갈고 밤에 책을 읽을 정도로 노력했어. ➡ ㅈ ㄱ ㅇ ㄷ

2 보기의 낱말을 바르게 설명한 친구를 찾아 ○ 하세요.

글을 마칠 때 찍는 마침표야.

글을 읽고 난 다음에 쓰는 거야.

어려운 글이나 암호 등의 의미를 헤아리며 읽는 거야.

보기

해독

3 속뜻 짐작 빈칸에 공통으로 들어갈 낱말을 색칠해 보세요.

□은/는 책이나 신문, 잡지 같은 글을 읽는 사람이야.

'유명 작가와 □들의 만남'이라고?

"유명 작가 김○○와 독자들의 만남!"

독심술

독자

난독증

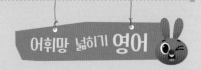

우리에게 감동을 주는 동화책은 어떤 사람들이 만들까요?
책을 만드는 사람들을 영어로 알아볼까요?

author

책을 만들기 위해서는 글을 쓰는 사람이 있어야겠지요? author는 동화나 소설, 동시 등 글을 쓰는 '작가'예요. 비슷한말로 writer가 있어요.

author

illustrator

동화책을 보면 글에 어울리는 그림이 그려져 있어요. illustrator는 책 속에 그림을 그리는 '그림 작가'예요.

illustrator

2주 2일
학습 끝!

붙임 딱지 붙여요

editor

edit는 '편집하다'라는 뜻으로 책을 낼 수 있도록 수정하는 걸 말해요. editor는 글을 바르게 고치고 글과 그림이 어우러지도록 만드는 사람, 즉 '편집자'이지요.

editor

publisher

publisher는 그림책이나 교과서, 잡지, 신문, 책 등을 펴내는 사람이에요. publish는 '펴내다'라는 뜻으로 '책을 펴내다'라고 할 때는 publish a book이라고 해요.

QR 찍고 발음 듣기

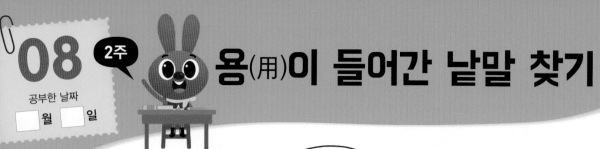

용(用)이 들어간 낱말 찾기

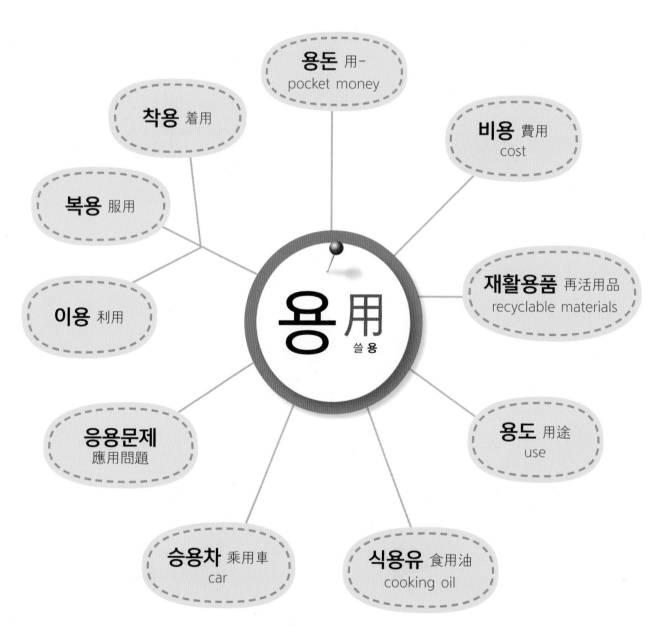

용돈 用-
pocket money

착용 着用

비용 費用
cost

복용 服用

재활용품 再活用品
recyclable materials

이용 利用

용 用
쓸 용

응용문제
應用問題

용도 用途
use

승용차 乘用車
car

식용유 食用油
cooking oil

1 다음 빈칸에 들어갈 낱말을 찾아 선으로 이어 보세요.

부침개를 부쳐야 하는데,
[ ]이/가 떨어졌네.

엄마, [ ] 좀 주세요.
학용품을 사야 해요.

동생이 태어나서 아빠가
[ ]을/를 큰 걸로 바꾸셨어.

용돈

식용유

승용차

2 다음 뜻을 나타내는 낱말을 찾아, 붓과 같은 색으로 색칠해 그림을 완성해 보세요.

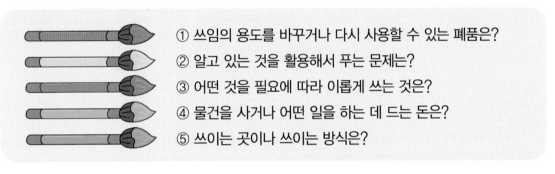

① 쓰임의 용도를 바꾸거나 다시 사용할 수 있는 폐품은?
② 알고 있는 것을 활용해서 푸는 문제는?
③ 어떤 것을 필요에 따라 이롭게 쓰는 것은?
④ 물건을 사거나 어떤 일을 하는 데 드는 돈은?
⑤ 쓰이는 곳이나 쓰이는 방식은?

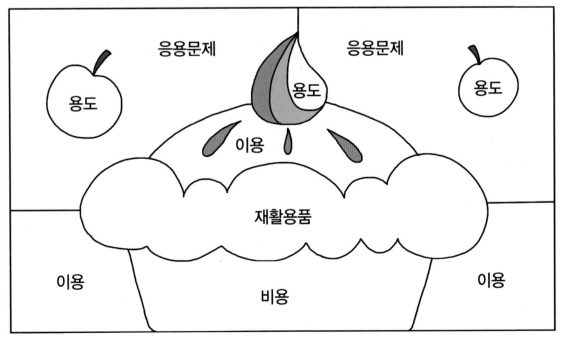

이용 / 복용
利(이로울 리/이) 用(쓸 용)
服(옷 복)

'이로울 리/이(利)'와 '쓸 용(用)' 자가 합쳐진 **이용**은 필요에 따라 이롭게 사용하는 것을 의미해요. '옷 복(服)' 자가 쓰인 **복용**은 약을 먹거나 마시는 것이고, '붙을 착(着)' 자를 쓰는 '착용'은 옷이나 장신구 등을 입고 신거나 쓰고 차는 거예요.

용돈
用(쓸 용)

용돈은 개인이 편하게 쓰는(쓸 용, 用) 돈을 뜻해요. 또는 가족이나 웃어른에게 타서 쓰는 돈을 말하기도 하지요.

비용
費(쓸 비) 用(쓸 용)

비용은 물건을 사거나 어떤 일을 하는 데 드는(쓸 비, 費) 돈이에요. 살아가는 데 드는 돈은 '생활 비용', 이동하는 데 드는 돈은 '교통 비용'이지요. '비용' 대신 '생활비', '교통비'처럼 바꾸어 쓸 수 있어요. 비슷한말로 '경비'가 있어요.

재활용품
再(두 재) 活(살 활)
用(쓸 용) 品(물건 품)

'생활용품'은 우리가 생활하는 데 필요한 물건을 뜻해요. 생활용품은 다 쓰고 나면 폐품이 되는데, 그중에 종이, 캔, 유리병 등과 같이 물건의 쓰임을 바꾸거나 고쳐서 다시 사용할 수 있는 것을 **재활용품**이라고 해요.

용도
用(쓸 용) 途(길 도)

어떤 연필은 글씨를 쓸 때 쓰고, 어떤 연필은 그림을 그릴 때 쓰지요? 이렇듯 **용도**는 물건이 쓰이는 곳이나 방식을 가리키는 말이에요. 고유어로 '쓰임새'라고 해요.

식용유
食(먹을 식) 用(쓸 용)
油(기름 유)

'먹을 식(食)'이 합쳐진 '식용'은 먹을 수 있는 것을 뜻해요. 식용에 '기름 유(油)' 자를 붙인 **식용유**는 먹을 수 있는 기름이에요.

승용차
乘(탈 승) 用(쓸 용)
車(수레 거/차)

'탈 승(乘)'과 '수레 거/차(車)' 자가 쓰인 **승용차**는 네댓 정도의 사람을 태우고 다니게 만든 자동차예요. 승용차보다 더 많은 사람을 태울 수 있도록 만든 자동차는 '합할 합(合)' 자를 써서 '승합차'라고 하지요.

응용문제
應(응할 응) 用(쓸 용)
問(물을 문) 題(제목 제)

'응용'은 지식이나 원리를 각각의 일이나 상황에 맞게(응할 응, 應) 활용하는 것이에요. **응용문제**는 원리를 다양한 경우에 활용해서 푸는 문제이지요.

놀라운 재활용품 탄생

우리가 살면서 만들어 내는 쓰레기가 그대로 쌓인다면 어떻게 될까요? 아마 지구는 쓰레기장이 되었을지도 몰라요. 그런데 쓰레기라고 해서 모두 쓸모없는 것들이 아니에요. 잘 분리배출된 재활용품들은 리사이클링 제품과 업사이클링 제품으로 재탄생되거든요. '리사이클링(recycling)'은 '재활용'이란 말로, 본래 모습 그대로 다시 활용되는 것이에요. 반면 '업사이클링(upcycling)'은 upgrade(개선하다)와 recycling을 합친 말로, 재사용을 넘어서 새로운 제품으로 탄생시키는 걸 말해요. 재활용 의류에 디자인을 더해 새로운 옷을 만드는 것이지요. 리사이클링과 업사이클링 제품을 만나 볼까요?

리사이클링 (recycling)	 → 	커피 찌꺼기를 식물의 비료로 재활용할 수 있어요.
업사이클링 (upcycling)		버려지는 기름통이 멋진 의자로 재탄생되었어요.
	 → 	버려지는 페트병이 개성 있는 화분으로 재탄생되었어요.

1 빈칸에 알맞은 낱말을 찾아 색칠해 보세요.

①

□□은/는 잘 분리해서 버려야 해.

| 재활용품 | 비용 | 용도 |

②

처방받은 약은 꾸준히 □□해야 해.

| 착용 | 이용 | 복용 |

2 빈칸에 어울리는 낱말을 찾아 선으로 이어 주세요.

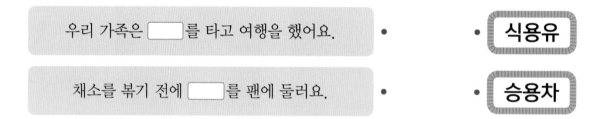

우리 가족은 □□를 타고 여행을 했어요. •

• **식용유**

채소를 볶기 전에 □□를 팬에 둘러요. •

• **승용차**

3 속뜻짐작 그림을 보고, 빈칸에 알맞은 낱말을 보기 에서 골라 써 보세요.

□□□ 컵 사용을 줄여야 해.

□□□ 계단으로 대피하세요.

보기   비상용   일회용

'생활용품'은 우리가 생활할 때 필요한 물건들이에요.
욕실에서 사용하는 다양한 생활용품을 영어로 알아볼까요?

soap

soap는 우리가 때를 씻을 때 쓰는 '비누'예요. 쓰임에 따라 '식기 세제'는 dish soap, '세숫비누'는 beauty soap라고 해요.

toilet paper

toilet paper는 용변을 볼 때 쓰는 '두루마리 화장지'를 뜻해요. '화장지 걸이'는 toilet paper holder라고 해요.

comb

comb는 머리카락을 빗을 때 쓰는 '빗'이에요. 비슷한말로 hairbrush가 있어요.

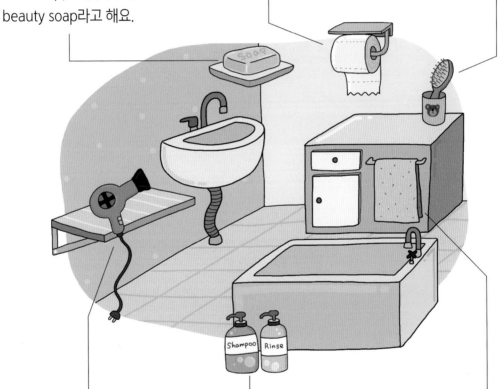

hair dryer

hair dryer는 젖은 머리를 말릴 때 쓰는 '헤어드라이어'예요. hair는 '머리카락'이란 뜻으로, '미용사'는 hairdresser라고 해요.

shampoo

샴푸는 머리를 감는 데 쓰는 비누예요. shampoo라는 말은 마사지를 뜻하는 힌디어에서 생겨났는데, 옛날에는 마사지를 하면서 머리를 감겨 주었기 때문이에요.

towel

towel은 젖은 몸을 닦는 데 쓰는 '수건'을 뜻해요. '손을 닦는 작은 수건'은 hand towel이라고 해요.

2주 3일
학습 끝!

붙임 딱지 붙여요

QR 찍고 발음 듣기

무(無)가 들어간 낱말 찾기

공부한 날짜
월 일

1 〈점 잇기 순서〉에 적힌 대로 점을 이어 그림을 완성해 보세요.

〈점 잇기 순서〉

① 사람을 업신여김.　　④ 책임이 없음.　　　　⑦ 관심이 없음.
② 분별이 없음.　　　　⑤ 미리 한정한 시기가 없음.　⑧ 아무것도 없이 텅 빔.
③ 죄가 없음.　　　　　⑥ 겨룰 만한 적이 없는 강한 함대　⑨ 사람이 살지 않는 섬

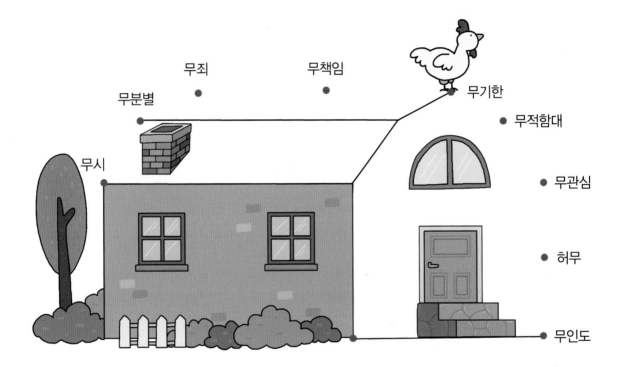

2 그림을 보고, 낱말 뜻을 바르게 설명한 친구를 찾아서 ○ 하세요.

무인기

사람이 타지 않고 운전해.

사람이 타서 운전해.

무인
無(없을 무) 人(사람 인)

무인은 사람(사람 인, 人)이 없다(없을 무, 無)는 의미예요. '무인도'는 사람이 살지 않는 섬(섬 도, 島)이고, '무인기'는 사람이 타지 않아도 조종되는 비행기(베틀/기계 기, 機)지요.

무관심 / 무책임
無(없을 무) 關(관계할/빗장 관)
心(마음 심) 責(꾸짖을 책) 任(맡길 임)

'관심'은 어떤 것에 마음이 끌리는 것을 뜻해요. 무관심은 관심이 없다는 의미로, 어떤 것에 끌리는 마음이 없는 것이지요. 무책임은 책임감이 없는 것이고, '무분별'은 서로 다른 일이나 사물을 구별하지 못하는 것이에요.

무시
無(없을 무) 視(볼 시)

무시는 상대를 깔보거나 업신여긴다는 의미예요. 또 상대의 가치나 생각을 하찮게 여기는 것을 이르는 말이기도 해요. '힘이 약하다고 무시했어.', '내 생각을 무시당했어.'처럼 쓰지요.

허무
虛(빌 허) 無(없을 무)

허무는 아무것도 없이 텅 빈(빌 허, 虛) 것이나, 아무 보람도 없어 쓸쓸한 것을 뜻해요. 비슷한말로 '항상 상(常)' 자를 쓰는 '무상'이 있어요. 고유어로 '덧없다'라고 해요.

무죄
無(없을 무) 罪(허물 죄)

무죄!

무죄는 '없을 무(無)'와 '허물 죄(罪)' 자가 합쳐진 말로, 아무 잘못이나 죄가 없음을 뜻해요. 잘못이나 죄가 있다는 말은 '있을 유(有)' 자를 써서 '유죄'라고 해요.

무적함대
無(없을 무) 敵(원수 적)
艦(싸움배 함) 隊(무리 대)

무적함대는 겨룰 상대가 없을 만큼 강한 함대를 이르는 말이에요. 역사적으로는 1588년에 영국 함대를 물리치려고 만든 에스파냐 함대를 가리키지요. 운동 경기에서 매우 강한 팀에 빗대어 쓰기도 해요.

무궁화
無(없을 무) 窮(다할 궁)
花(꽃 화)

'없을 무(無)', '다할 궁(窮)', '꽃 화(花)' 자가 합쳐진 무궁화는 끝이 없이 계속해서 피는 꽃이라는 뜻이에요. 무궁화는 끈질기게 피고 지는 모습이 우리 민족과 닮아 우리나라를 대표하는 꽃이 되었어요.

무기한
無(없을 무) 期(기약할 기)
限(한정 한)

'기한'은 언제까지인지 정한 시기이고, 무기한은 언제까지라고 정한 시기가 없는 것이에요. '무기한 연기', '무기한 중단' 등으로 써요.

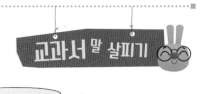

에스파냐의 무적함대

'무적함대'는 겨룰 만한 적이 없는 아주 강한 함대를 뜻하는 말이에요. 또한 무적함대는 1588년, 영국 함대를 공격하기 위해 만든 에스파냐의 함대 이름이기도 하지요. 당시 유럽에서는 영국과 에스파냐가 서로 힘을 겨루고 있었어요. 영국보다 강해지고 싶었던 에스파냐의 펠리페 2세 왕은 영국을 공격하기 위하여 매우 강한 무적함대를 만들었지요. 하지만 이름과 다르게 에스파냐의 무적함대는 싸우기도 전에 폭풍으로 대다수의 전함을 잃고, 영국과의 싸움에서도 크게 지고 말았어요. 결국 무적함대의 패배로 에스파냐는 나라의 힘이 급격히 약해졌고, 영국은 식민지를 여럿 거느린 '해가 지지 않는 나라'로 떠오르게 되었답니다.

당시 영국은 '해가 지지 않는 나라'로 불렸어요. 이 별명은 영국이 차지하고 있는 식민지가 너무 많아서 식민지 가운데 한 곳은 해가 떠 있다며 붙여진 말이랍니다.

1 글자 카드에서 필요 없는 글자에 X 하여 빈칸에 들어갈 낱말을 만들어 보세요.

나를 ☐☐하지 못하도록 실력으로 보여 주겠어.

| 분 | 무 | 별 | 시 | 한 |

두 시간 동안 도미노를 세웠는데 한 번에 무너지다니 너무 ☐☐해.

| 무 | 궁 | 허 | 화 | 무 |

2 밑줄 친 낱말의 뜻을 찾아 선으로 연결해 주세요.

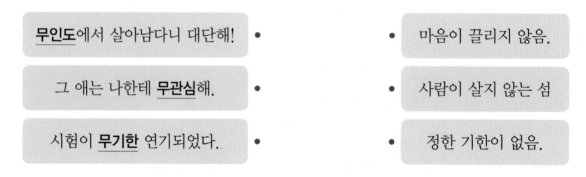

무인도에서 살아남다니 대단해! ● ● 마음이 끌리지 않음.

그 애는 나한테 **무관심**해. ● ● 사람이 살지 않는 섬

시험이 **무기한** 연기되었다. ● ● 정한 기한이 없음.

3 속뜻짐작 빈칸에 알맞은 낱말을 기차에 적힌 낱말 중에서 골라 써 보세요.

그 음식점은 일 년 내내 쉬는 날이 없는 ☐☐☐☐예요.

| 막무가내 | 백전 무패 | 연중무휴 |

66

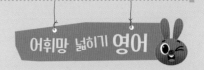

우리나라의 무궁화처럼 나라마다 그 나라를 상징하는 꽃인 '국화'가 있어요.
세계 여러 나라의 국화는 어떤 것들이 있는지 알아볼까요?

iris

'국화'는 영어로 national flower라고 해요. iris는 '붓꽃'으로, 프랑스의 국화예요. iris는 '좋은 소식을 잘 전해 주세요.'라는 꽃말을 갖고 있어요.

tulip

tulip은 네덜란드의 국화예요. 꽃잎이 크고 줄기가 가는 것이 특징이지요. 그래서 길고 가는 다리가 하나만 있는 의자를 tulip chair(튤립 의자)라고 해요.

2주 4일
학습 끝!

붙임 딱지 붙여요

edelweiss

edelweiss는 스위스의 국화예요. 독일어로 '고귀한 흰빛'이란 뜻인데, 눈이 내린 것처럼 하얀색 잔털로 덮여 있어서 이런 이름이 붙었어요. 높은 곳에서 자라는 에델바이스는 '알프스의 영원한 꽃'으로도 유명해요.

QR 찍고 발음 듣기

술(術)이 들어간 낱말 찾기

기술 技術
technology

미술 美術
art

무술 武術
martial arts

예술 藝術
art

요술 妖術
magic

술수 術數
trick

술 術
재주 술

마술   연금술   변신술

심술 心術

의술 醫術

상술 商術

수술   시술

1 두 아이가 오목을 두고 있어요. 설명하는 낱말을 모두 찾아 검게 칠한 뒤, 검은 돌과 흰 돌 가운데 무엇이 이겼을지 빈칸에 써 주세요. 오목은 가로, 세로, 대각선으로 다섯 개의 바둑알이 나란히 놓이면 이기는 게임이에요.

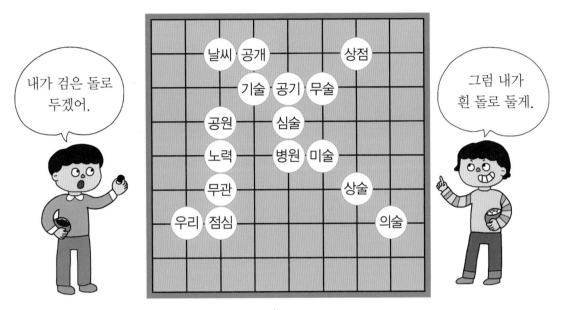

① 남이 잘못되는 것을 좋아하는 마음보예요.

② 그림을 그리고 조각을 만드는 거예요.

③ 물건을 파는 재주예요.

④ 병을 고치는 재주예요.

⑤ 물건을 만들거나 다루는 재주예요.

⑥ 몸이나 무기 등을 다루는 기술이에요.

[　　　] 돌이 이겼어요.

2 '요술'과 관련이 있는 낱말을 찾아 ○ 하세요.

연금술　　　무술　　　마술　　　변신술

예술 / 미술
藝(재주 예) 術(재주 술)
美(아름다울 미)

'재주 예(藝)'와 '재주 술(術)' 자가 합쳐진 **예술**은 자신이 생각하고 느낀 것을 글, 그림, 소리, 몸짓 등으로 아름답게 표현하는 거예요. 그림이나 조각 등과 같은 예술은 '아름다울 미(美)' 자를 써서 **미술**이라고 구별해 불러요.

기술
技(재주 기) 術(재주 술)

기술은 물건을 잘 만들거나 잘 다루는 방법이나 재주(재주 기, 技)를 가리키는 말이에요. 어떤 분야에 필요한 기술을 가진 사람은 '기술자'라고 하지요.

무술
武(굳셀 무) 術(재주 술)

우리나라의 태권도, 중국의 쿵후처럼 싸우는 기술이나 방법을 **무술**이라고 해요. 무술은 맨몸으로 할 수도 있고, 칼이나 창과 같은 무기를 쓰기도 해요. 비슷한말로 '무예'가 있어요.

요술
妖(요망할 요) 術(재주 술)

요술은 놀랍고 신기한(요망할 요, 妖) 일을 하는 기술로 '마법', '마술'과 비슷한 낱말이에요. '쇠 금(金)' 자가 합쳐진 '연금술'은 고대 이집트에서 시작된 귀금속 등을 만드는 기술이고, '변신술'은 몸의 모양이나 태도를 바꾸는(변할 변, 變) 기술이에요.

의술
醫(의원 의) 術(재주 술)

의술은 병이나 다친 곳을 고치는 기술을 뜻해요. 병을 치료하기 위해 피부나 몸의 한 부분을 자르거나 도려내는 것은 '손 수(手)' 자를 써서 '수술'이라고 하고, 치료나 수술을 통틀어 '시술'이라고 해요.

상술
商(장사 상) 術(재주 술)

물건을 많이 파는 사람에게 '상술이 좋다.'라고 하지요. **상술**은 장사(장사 상, 商)를 하는 솜씨나 꾀를 뜻하는 낱말이에요.

마마 잘하면 1+1

심술
心(마음 심) 術(재주 술)

심술은 남이 잘못되기를 바라는 마음보예요. 마음을 나쁘게 쓰니 당연히 다른 사람을 곤란하게 하지요. 그래서 보통 '심술궂다', '심술맞다', '심술을 부리다' 등으로 써요.

술수
術(재주 술) 數(셈 수)

어떤 목적을 이루기 위해 일을 꾸미는 생각이나 방법을 '셈 수(數)' 자를 써서 **술수**라고 해요. '별의별 술수로 나를 속였어.', '적의 술수에 넘어가지 않았어.'처럼 쓰지요. 비슷한말로 '술책'이 있어요.

세계의 미술관과 박물관

사람들은 옛날부터 멋진 그림이나 조각, 건축, 글씨나 화려한 장식품 등을 보고 싶어 하고 갖고 싶어 했어요. 그래서 예술 작품을 보관하는 장소가 생겨났는데, 그것이 바로 '집/객사 관(館)' 자가 들어가는 '미술관'과 '박물관'이에요. 박물관은 미술품 외에도 옛날 물건이나 예술품, 학술 자료 등도 함께 보관하며 보여 주는 곳이지요. 많은 미술관과 박물관 중에서도 세계적으로 손꼽히는 곳들이 있어요. 바로 루브르 박물관, 에르미타주 미술관, 대영 박물관이에요. 세계의 유명한 미술관과 박물관을 만나 볼까요?

루브르 박물관
프랑스 파리에 있는 루브르 박물관은 '박물관 중에 박물관'이라고 할 만큼 규모가 어마어마해요. 루브르는 원래 왕궁이었다가 18세기 이후부터 박물관 역할을 담당하고 있어요.

에르미타주 미술관
러시아에 있는 에르미타주 미술관은 세계에서 가장 오래된 미술관 중 하나예요. 에르미타주는 프랑스어로 '외진 곳'이라는 뜻인데, 오래전 러시아 왕실이 겨울 궁전 옆에 지어 미술품을 보관했기 때문에 이런 별명이 지어졌어요.

대영 박물관
영국 런던에 있는 대영 박물관은 인간의 역사나 문화와 관련된 유물과 미술품 등을 함께 전시하고 있어요. 1759년에 슬론 경의 소장품을 중심으로 개관해 오늘날까지 이르게 되었답니다.

1 다음 빈칸에 들어갈 낱말을 보기 에서 찾아 써 보세요.

허준은 [　][　]이
뛰어난 의원이었어요.

그는 [　][　]이
뛰어난 장사꾼이에요.

태권도는 한국의 전통
[　][　]이에요.

보기 상술 무술 의술

2 그림과 설명에 맞는 낱말 카드를 골라 ○ 하세요.

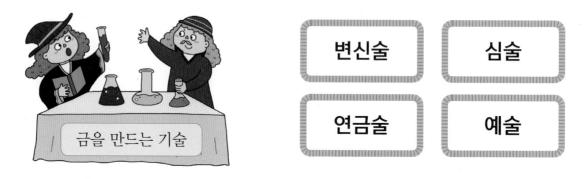

금을 만드는 기술

| 변신술 | 심술 |

| 연금술 | 예술 |

3 속뜻 짐작 아래에서 '재주 술(術)' 자와 관련된 낱말을 모두 골라 보세요. (　,　)

① 마술

② 술래잡기

③ 호신술

예술에는 미술, 음악, 연극, 영화 등 여러 종류가 있어요.
예술의 종류를 영어로 알아볼까요?

play

play는 '놀다'라는 뜻이지만, '연극'을 가리키기도 해요. 비슷한말로 drama가 있어요. theater(극장), stage(무대)는 play와 연관된 단어들이에요.

music

music은 '음악'이에요. '클래식 음악'은 classical music, '현대 음악'은 modern music, 음악과 춤이 어우러진 '뮤지컬'은 musical이라고 하지요.

2주 5일
학습 끝!

붙임 딱지 붙여요.

art

art는 그림, 건축, 조각 등 미술과 관련된 '예술'을 뜻해요. 미술품을 전시하는 '미술관'은 art museum, '미술가'는 artist, '미술품'은 work of art라고 하지요.

literature

literature는 소설이나 시, 희곡 등 '문학'을 말해요. literature는 창작 문학 외에 '기록', '학문', '저술' 등 letter(문자)로 기록한 글을 뜻하기도 해요.

QR 찍고 발음 듣기

잡다한 것이 뒤섞인 '잡동사니'

조선 시대에 안정복이라는 학자가 있었어요.

안정복은 유학, 역사, 천문, 지리 등 여러 분야에 뛰어났지만, 벼슬에는 관심이 없었어요.

벼슬이 뭐야? 닭 벼슬?

저렇게 욕심이 없어서야…….

어느 날

?

푸하하하!

진짜?

그래!

큭큭큭큭, 아이고 배야.

사람은 다 똑같다니까.

무슨 재미난 얘기를 하길래…….

그 고상한 부인이 "뿌아아악!" 하며 방귀를 뀌다니!

뿌아아악!

풉!

흠, 딱딱한 역사책 말고 저렇게 사람들 사이에 떠도는 이야기로 책을 펴내면 어떨까?

잡동사니(섞일 잡 雜, ---): 잡다한 것이 한데 뒤섞인 것을 뜻해요.

정말이오?

아, 그렇다니까.

?!

사사

아, 글쎄 그 양반 뒤가 구린 양반이라니까.

오호, 재미있는 얘기다!

슥슥-

어! 당신 뭐야? 우리 얘기 엿들었지?

나는 아무것도 못 들었소.

좋아! 중국의 역사와 제도를 비롯해, 세상에 떠돌아다니는 온갖 이야기까지 모두 담아 보자!

우헤헷! 재미있겠다!

아자!

이렇게 해서 나온 책이 바로 〈잡동산이〉.

雜同散異

'잡동사니'라는 말은 바로 이 책의 제목에서 따온 말이랍니다.

제가 오랫동안 모은 골동품들입니다.

음, 살펴보니 모두 가짜입니다. 그냥 잡동사니예요.

토닥이와 함께
파이팅!

PART 2

PART2에서는 상대어나 주제어를 중심으로
관련이 있는 낱말들을 연결해서 배워요.

유(有)와 무(無) 비교하기

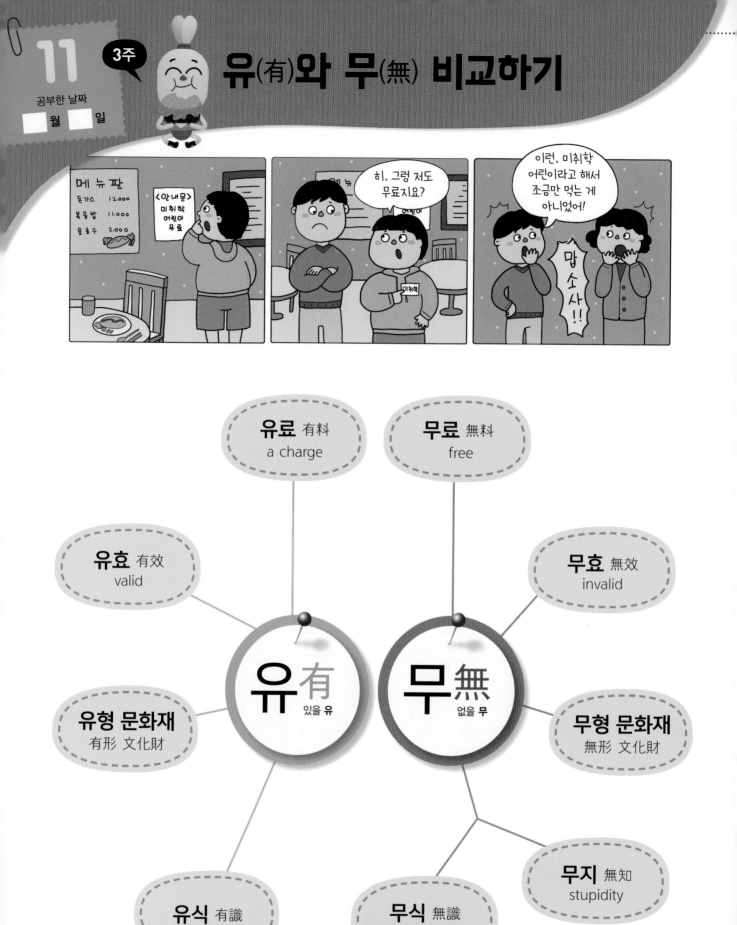

1 서로 상대되는 뜻을 가진 낱말 퍼즐을 찾아 선을 이어 주세요.

무효 ·   · 유식

무식 ·   · 유료

무료 ·   · 유효

2 그림을 보고 무형 문화재에는 ○, 유형 문화재에는 △ 해 보세요.

유료 vs 무료
有(있을 유) 料(헤아릴 료/요)
無(없을 무)

'있을 유(有)' 자와 '없을 무(無)' 자는 각각 '있음.'과 '없음.'을 나타내는 한자예요. 여기에 값을 나타내는 '헤아릴 료/요(料)' 자가 붙어서 값이 있으면 **유료**, 값이 없으면 **무료**라고 하지요. 무료와 비슷한말로 '공짜'가 있어요.

유효 vs 무효
有(있을 유) 效(본받을 효)
無(없을 무)

약을 먹으면 효과가 나타나 병이 나아요. 이렇게 어떤 결과를 나타나게 하는 힘을 '효력'이라고 하지요. **유효**는 '효력이 있다'는 뜻이에요. 반대로 효력이 없으면 **무효**라고 하지요. 유도 경기에서 "유효!"라고 외치면, 이것은 선수의 기술이 효력이 있다는 의미예요.

유형 문화재
VS
무형 문화재
有(있을 유) 形(모양 형)
文(글월 문) 化(될/변화할 화)
財(재물 재) 無(없을 무)

'문화재'는 역사적, 문화적으로 가치가 높아 보호해야 될 것들이에요. 문화재는 모양(모양 형, 形)이 있느냐 없느냐에 따라 유형 문화재와 무형 문화재로 나누어요. **유형 문화재**는 모양이 있어서 직접 만지고 볼 수 있는 건축물, 조각, 책, 공예품 등이에요. 이와 다르게 춤, 음악, 놀이, 기술처럼 모양이 없는 문화재는 **무형 문화재**라고 하지요.

유식 vs 무식
有(있을 유) 識(알 식) 無(없을 무)

지식이 얼마나 되는지를 가리킬 때에도 '있을 유(有)' 자와 '없을 무(無)' 자를 써요. 배움이 깊어 아는 것이 많으면 '알 식(識)' 자를 붙여 **유식**하다고 하고, 배움이 얕아 아는 것이 적으면 **무식**하다고 하지요. 무식과 비슷한말로 '무지'가 있어요.

유형 문화재와 무형 문화재

숭례문, 강강술래, 김홍도 그림의 공통점은 무엇일까요? 모두 문화재라는 거예요. 문화재는 형태가 있으면(있을 유, 有) '유형 문화재', 형태가 없으면(없을 무, 無) '무형 문화재'로 구분해요.

먼저 유형 문화재는 건축물이나 그림, 서적, 공예품과 같이 형태가 있어서 눈으로 볼 수 있어요. 우리나라의 국보 제1호인 숭례문이나 김홍도의 그림들이 대표적이지요. 그럼 무형 문화재는 어떤 것들일까요? 춤이나 노래, 기술처럼 모양은 없으나 예로부터 전해 오는 전통 예술이나 기술 등이 무형 문화재예요. 봉산 탈춤이나 판소리, 궁중 음식, 항아리를 만드는 기술 등이 모두 무형 문화재랍니다.

〈유형 문화재〉	〈무형 문화재〉
'유형 문화재'는 건축물, 그림처럼 형태가 있어 우리 전통 문화를 느낄 수 있어요.	'무형 문화재'는 춤, 노래, 기술처럼 형태가 없지만 가치가 큰 것들이에요.

〈국보 제1호〉 숭례문

〈무형 문화재 제17호〉 봉산 탈춤

〈보물 제2호〉 보신각종

〈무형 문화재 제8호〉 강강술래

1 다음 중 '무료'와 관련이 있는 그림을 모두 찾아 ○ 해 보세요

2 그림 안에서 상대되는 낱말이 적힌 물고기를 찾아 같은 색으로 색칠하세요.

3 속뜻짐작 밑줄 친 낱말의 뜻을 찾아 선으로 이어 주세요.

이 티켓은 **무기한**이야.	끝이 있음.
염치가 없어서 **유구무언**이야.	바람이 불지 않는 지역
적도는 **무풍지대**야.	정해진 기한이 없음.
모든 생명은 **유한**하다.	입은 있어도 말은 없다.

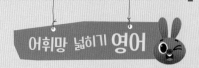

무료(無料)는 '요금이 없다'는 의미예요.
무료를 나타내는 여러 가지 영어 단어를 알아볼까요?

for free

free는 '무료'라는 뜻이에요. 요금이나 돈을 낼 필요가 없다는 의미지요. for free는 '공짜로, 무료로'라는 뜻이에요. 공짜로 주는 '사은품'은 free gift, '무료 급식'은 free meal이라고 표현해요.

public WiFi free

WiFi는 wireless fidelity의 약자로 선 없이 데이터가 오가는 '무선 데이터 전송 시스템'을 말해요. WiFi는 대부분 유료이지만, 공공을 위해 무료로 쓸 수 있는 곳에는 public WiFi free라고 적혀 있어요. public은 '공공의'라는 뜻이에요.

3주 1일
학습 끝!

붙임 딱지 붙여요

duty free

나라와 나라 사이에 물건을 사고팔 때에는 세금의 한 종류인 관세가 붙어요. '관세'는 영어로 duty라고 하지요. 그런데 해외 여행객에게 관세 없이 물건을 팔거나 나라 간의 약속으로 관세를 내지 않을 때가 있어요. 그것을 '면세'라고 하고, 영어로는 duty free라고 하지요. 면세 물건만 파는 '면세점'은 duty free shop, '면세품'은 duty free goods라고 해요.

QR 찍고 발음 듣기

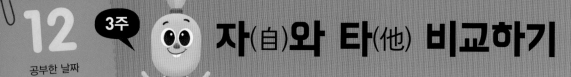

자(自)와 타(他) 비교하기

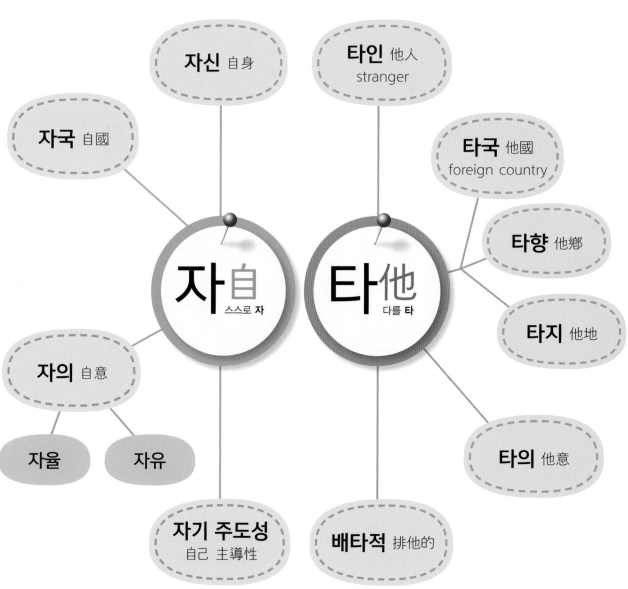

자신 自身

타인 他人 stranger

자국 自國

타국 他國 foreign country

타향 他鄕

자自 스스로 자

타他 다를 타

타지 他地

자의 自意

자율 자유

타의 他意

자기 주도성 自己 主導性

배타적 排他的

1 수도관이 중간중간 끊어져 있어요. 수돗물이 흐르도록 서로 상대되는 낱말을 찾아 관을 선으로 이어 주세요.

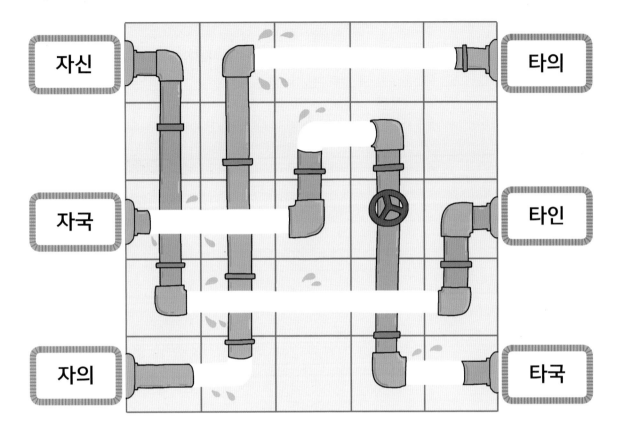

2 밑줄 친 낱말 가운데, '다를 타(他)' 자가 쓰인 낱말을 모두 찾아 ○ 하세요.

우리 삼촌은 직장 때문에 <u>타지</u>에 오래 사셨어.

다른 문화를 너무 **배타적**으로 보는 건 옳지 않아.

미국에 사는 이모는 **타국**에서 생활하는 게 힘드시대.

자신 vs 타인
自(스스로 자) 身(몸 신)
他(다를 타) 人(사람 인)

'스스로 자(自)'와 '몸 신(身)' 자가 합쳐진 **자신**은 그 사람의 몸, 또는 바로 그 사람이라는 뜻이에요. 즉, '나'를 의미하지요. 반면 '다를 타(他)'와 '사람 인(人)' 자가 합쳐진 **타인**은 자신을 뺀 나머지 사람을 뜻하는 말로, 내가 아닌 '남'을 가리켜요.

나 ↔ 타인

자국 vs 타국
自(스스로 자) 國(나라 국)
他(다를 타)

자국은 '나라 국(國)' 자가 들어간 낱말로 자기가 속한 나라예요. 대한민국 국민에게 대한민국은 자국이에요. 자국과 상대되는 말은 '다를 타(他)' 자가 들어간 '타국'이에요. 우리나라가 아닌 다른 나라가 **타국**이지요. '다를 타(他)'에 '시골 향(鄕)' 자를 붙인 '타향'은 고향이 아닌 다른 고장을 뜻하고, '땅 지(地)'를 붙인 '타지'는 다른 지역이나 지방을 뜻해요.

대한민국 (자국)
일본 (타국)

자의 vs 타의
自(스스로 자) 意(뜻 의)
他(다를 타)

'스스로 자(自)'와 '뜻 의(意)' 자가 합쳐진 **자의**는 자기의 생각이나 뜻을 가리켜요. 반대로 '다를 타(他)' 자를 쓰는 **타의**는 다른 사람의 생각이나 뜻을 의미하지요. '스스로 자(自)' 자가 들어가는 낱말 가운데 '자유'는 자기 마음대로 할 수 있는 상태를 말해요. '자율'은 스스로 원칙을 만들어서 지킨다는 뜻으로, '자율 학습'은 스스로 규칙을 세워서 공부하는 것을 말해요.

자기 주도성
自(스스로 자) 己(몸 기)
主(주인 주) 導(인도할 도)
性(성품 성)

자기 주도성이 학습에 중요하다는 말을 들어 본 적이 있나요? **자기 주도성**이란 '몸 기(己)' 자에 '주인 주(主)' 자가 쓰인 낱말로, 어떤 일을 할 때 다른 사람이 아니라 스스로 나서서 자신의 일을 이끌고 가는 것을 말해요.

배타적
排(물리칠 배) 他(다를 타)
的(과녁 적)

'물리칠 배(排)'와 '과녁 적(的)' 자가 합쳐진 **배타적**은 자신과 다른 것을 거부하며 밀어내는 거예요. 즉, 생각이 다른 사람의 의견은 무조건 받아들이지 않는 것을 의미하지요.

자유를 상징하는 '자유의 여신상'

미국에서 가장 큰 도시로 손꼽히는 뉴욕의 허드슨강 어귀에는 '자유'라는 뜻의 리버티(Liberty)섬이 있어요. 이곳에는 세계적으로 유명한 '자유의 여신상'이 있지요. 자유의 여신상은 약 46미터 높이에 달하는 어마어마한 동상으로, 내부에는 엘리베이터가 있어서 머리 가까이까지 오를 수 있어요. 자유의 여신상은 미국이 영국으로부터 독립된 지 100주년이 되던 1884년에 프랑스가 선물한 것이에요. 그런데 자유의 여신상은 영어로 The Statue of Freedom이 아니라 The Statue of Liberty라고 해요. freedom과 liberty 모두 우리말로 '자유'라는 뜻이기는 한데, 왜 굳이 liberty를 붙였을까요? 그 이유는 freedom은 원래부터 타고난 자유의 상태를 뜻하고, liberty는 누군가로부터 얻어 낸 자유를 의미하기 때문이에요. 미국의 독립을 기념하는 자유의 여신상은 전쟁으로 가족과 형제를 잃은 사람, 가난과 독재 정권에서 고통받았던 사람들에게 주는 자유와 희망의 메시지를 담고 있어요.

1 다음 문장에서 빈칸에 들어갈 글자를 써 보세요.

대통령은 자기 나라 국민인 □국민을 보호해야 해요.

□국은 외국과 비슷한말이에요.

2 박물관에 붙은 안내문이에요. ( )에서 문장에 어울리는 낱말을 골라 ○ 하세요.

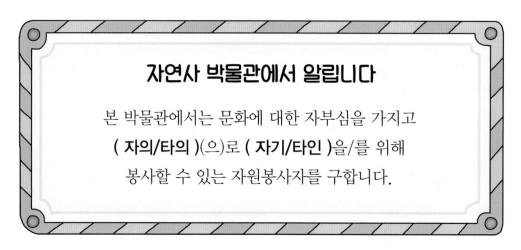

자연사 박물관에서 알립니다

본 박물관에서는 문화에 대한 자부심을 가지고
(자의/타의)(으)로 (자기/타인)을/를 위해
봉사할 수 있는 자원봉사자를 구합니다.

3 속뜻짐작 다음 설명하는 낱말은 무엇인지 찾아 선으로 이어 주세요.

다른 사람의
이익을 먼저 생각한다는
뜻이에요.

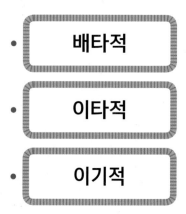

- 배타적
- 이타적
- 이기적

다른 사람의 힘을 빌릴 때도 있지만 스스로 해야 할 일도 있어요.
자기 스스로 알아서 해야 할 일들을 영어로 알아볼까요?

service

식당에 가면 종업원이 음식은 물론 여러 가지 필요한 것들을 갖다 줘요. 이렇게 남을 위해 돕거나 시중을 드는 것을 service라고 해요.

self-service

self는 '자신'이란 뜻이고, self-service는 스스로 하는 것이에요. 음식점에 self-service라는 말이 붙어 있으면 필요한 것들을 스스로 챙겨야 해요.

3주 2일
학습 끝!

붙임 딱지 붙여요.

control

control은 '조절하다, 통제하다'라는 뜻이에요. 우리가 즐겨 보는 텔레비전의 '리모컨'은 remote control이라고 해요. remote는 '먼, 멀리 떨어진'이라는 뜻이에요.

self-control

self-control은 자신을 스스로 조절하는 것이에요. 화가 나는 일이 있어도 화를 참고 자신의 마음을 들여다보는 것이지요.

QR 찍고 발음 듣기

가(加)감(減)승(乘)제(除)가 들어간 말 비교하기

1 울타리를 예쁘게 색칠하려고 해요. '더하는 느낌'이 드는 낱말은 빨간색으로, '덜어 내는 느낌'이 드는 낱말은 파란색으로 색칠해 주세요.

증가　감속　면제　가세　가열　삭제

2 서로 상대되는 낱말은 무엇일까요? 꼬인 길을 따라가서 상대되는 낱말을 찾아 같은 색으로 색칠해 보세요.

가속
감속
감소
증가

증가 VS 감소
增(더할 증) 加(더할 가)
減(덜 감) 少(적을 소)

'더할 증(增)' 자가 들어간 **증가**는 수나 양이 점점 더해지는 것을 의미해요. '인구 증가', '체중 증가' 등으로 써요. 이와 반대로 **감소**는 수나 양이 점점 줄어드는(덜 감, 減) 거예요. '수출 감소', '매연 감소' 등으로 써요.

체중이 증가했어!

가속 VS 감속
加(더할 가) 速(빠를 속)
減(덜 감)

가속은 속도가 더해져(더할 가, 加) 점점 빨라지는 것을 말해요. 속도 대신에 '더울 열(熱)' 자가 쓰이면 열이 더해지는 것을 뜻하는 '가열', '권세 세(勢)' 자가 쓰이면 힘이 더해지는 것을 뜻하는 '가세'가 돼요. 반대로 **감속**은 속력이 떨어져(덜 감, 減) 점점 느려지는 거예요.

탑승
搭(탈 탑) 乘(탈 승)

비행기나 버스, 기차 등에 타는 것을 **탑승**이라고 해요. 탑승 후, 목적지까지 바로 가지 않고 중간에 갈아타기도 하는데, 이것을 '환승'이라고 해요. 그리고 '편승'은 남이 타고 가는 차편을 얻어 타고 가는 걸 말해요.

승객
乘(탈 승) 客(손님 객)

'손님 객(客)' 자가 쓰인 **승객**은 배, 열차, 비행기 등에 탄 손님이에요. 교통수단을 타고 여행을 하는 사람이라는 뜻의 '여객'이 비슷한말로 쓰여요. '승객' 앞에 '탈 탑(搭)' 자를 붙인 '탑승객'도 승객과 같은 말이에요.

삭제
削(깎을 삭) 除(덜 제)

컴퓨터 파일을 삭제하면 내가 쓴 글이 다 없어져요. '깎을 삭(削)'에 '덜 제(除)' 자를 쓰는 **삭제**는 이렇게 무언가를 지우고 없애는 것을 뜻해요. 상대어로는 '더할 첨(添)'과 '더할 가(加)' 자를 쓴 '첨가'가 있어요.

면제
免(면할 면) 除(덜 제)

면제는 책임이나 의무를 면하게(면할 면, 免) 해 주는 것을 뜻해요. '세금 면제', '수업료 면제'와 같이 쓰지요.

가감승제 기호의 유래

'가감승제'라는 말을 들어 보았나요? 가감승제는 '더할 가(加)', '덜 감(減)', '탈 승(乘)', '덜 제(除)' 자가 합쳐진 말로, '더하기, 빼기, 곱하기, 나누기'를 뜻해요. 여기서 '승(乘)' 자는 '타다'는 뜻이 아니라 '오르다'라는 뜻으로 쓰였지요. 가감승제를 할 때 일일이 말로 하면 계산이 복잡해요. 하지만 가감승제를 나타내는 기호인 '+, −, ×, ÷' 덕분에 좀 더 간편하게 계산할 수 있지요. 그런데 이런 기호들은 어떻게 생겨났을까요?

+ 덧셈 기호 '+'는 13세기경 '3 더하기 4'를 '3 et 4'처럼 표기하면서 생겨났다고 해요. 'et'는 라틴어로 '~와/과'라는 뜻인데, et를 빨리 쓰다가 '+' 모양이 된 거예요.

− 뺄셈 기호 '−'도 라틴어 'minus'의 첫 머리 글자인 'm'을 빨리 쓰다가 '−'로 변화되었어요.

× 곱셈 기호인 '×'는 1631년, 영국의 수학자 윌리엄 오트레드가 〈수학의 열쇠〉라는 책에서 처음 사용했다고 전해요.

÷ 나눗셈 기호인 ÷는 어떻게 만들어졌는지 정확하지 않아요. 다만 1659년, 스위스의 수학자 하인리히 란이 처음으로 사용했다고 전해요.

곱셈 기호인 '×'는 원래 십자가 모양을 본떠 만들어진 기호라고 해요. 1631년, 영국의 수학자 오트레드가 십자가(+) 모양을 곱셈 기호로 정하려고 했어요. 하지만 십자가 모양은 이미 덧셈 기호로 사용되고 있었지요. 그래서 십자가 모양을 옆으로 돌린 ×를 곱셈 기호로 정했다고 해요.

1 빈칸에 들어갈 낱말을 보기에서 찾아 쓰세요.

다른 비행기로 □□□하실 승객은 잠시 기다려 주세요.

다리를 다쳤으니 청소는 □□해 줄게.

곧 탑승할 예정이니, □□ 여러분께서는 준비해 주시기 바랍니다.

보기   승객   환승   면제   삭제

2 (   )에서 알맞은 낱말을 찾아 ○ 해 보세요.

① 우리나라 인구가 점점
(삭제 / 감소)하고 있어요.

② 미세 먼지 양이 매년
(증가 / 가열)하고 있어요.

③ 비닐봉지 줄이기에 대형 마트도
(가세 / 가속)하고 있어요.

④ 학교 앞을 지나는 차량은
(가속 / 감속) 운전을 해야 해요.

3 속뜻짐작 밑줄 친 낱말의 뜻을 찾아 선으로 이어 주세요.

폭설이 내려 **제설** 작업이 필요해요. •

식품의 **첨가물**을 살펴보아요. •

승강장에서 버스를 기다려요. •

• 쌓인 눈을 치움.

• 차를 타고 내리는 곳

• 보태어 넣는 것

수 말고도 많은 것들을 더하고 뺄 수 있어요.
상황에 따라 더하고 빼고 높이고 낮추는 표현들을 알아볼까요?

speed up ⟷ slow down

자동차는 속도를 높여 빠르게 달리기도 하고, 속도를 줄여 천천히 가기도 해요. speed up과 slow down은 이때 쓸 수 있는 영어예요. speed up은 '속도를 높이다'라는 뜻이고, slow down은 반대로 '속도를 줄이다'라는 뜻이에요.

turn up the volume ⟷ turn down the volume

volume은 라디오나 텔레비전에서 나오는 소리인 '음량'을 뜻해요. 음량을 높이면 소리는 커지고, 낮추면 작아지지요. 만약 좋아하는 음악을 크게 듣고 싶다면 'Turn up the volume.'이라고 하세요. '볼륨을 높여라.'라는 의미니까요. 거꾸로 '볼륨을 낮춰라.'는 'Turn down the volume.'이라고 한답니다.

3주 3일
학습 끝!

붙임 딱지 붙여요.

raise the price ⟷ lower the price

올리고 내리는 것 중에는 물건 가격도 있어요. 물건의 가격을 나타내는 영어는 price예요. price 앞에 '끌어올리다'라는 뜻의 raise를 붙이면 '가격을 올리다'라는 뜻이 돼요. 그리고 '낮추다, 내리다'라는 의미인 lower를 붙이면 '가격을 내리다'라는 의미가 되지요.

QR 찍고 발음 듣기

교통(交通) 관련 말 찾기

육상 교통

교통수단 交通手段
transportation

해상 교통

항공 교통

교통질서 交通秩序
traffic order

좌회전

우회전

유턴

교통 交通
사귈 교 통할 통
traffic

대기 오염
大氣 汚染
air pollution

운전면허증
運轉免許證
driver's license

교통 체증 交通 滯症
traffic jam

교통안전 交通安全

신호등

우측 보행

1 아래에는 교통과 관련된 그림들이 있어요. 〈뜻풀이 박스〉를 잘 읽고, 각 뜻풀이에 맞는 낱말을 보기에서 찾아 해당 번호 칸에 써 보세요.

> **보기** 해상 교통   항공 교통   운전면허증   신호등   육상 교통

〈뜻풀이 박스〉

① 바다로 다니는 교통수단이에요.

② 교통안전을 위해 도로에 설치한 장치로, 차와 사람에게 교통 신호를 보내요.

③ 하늘로 다니는 교통수단이에요.

④ 땅으로 다니는 교통수단이에요.

'교통'은 자동차나 배, 기차, 비행기 등을 이용해 사람이 오고 가거나, 짐을 실어 나르는 일을 말해요. 교통이 발달하면서 교통수단이 다양해지고 교통질서와 교통안전이 중요해졌어요. 우리 생활과 밀접한 교통과 관련된 낱말들에 대해 알아보아요.

교통수단

交(사귈 교) 通(통할 통)
手(손 수) 段(층계/조각 단)

사람이 오고 가거나 물건을 옮기는 데 쓰는 탈것을 **교통수단**이라고 해요. 교통수단은 다니는 길과 이동하는 방법에 따라 구분할 수 있어요. 땅(뭍 륙/육, 陸) 위(위 상, 上)로 가면 '육상 교통', 바다(바다 해, 海)로 가면 '해상 교통'이라고 해요. 하늘을 날아다니는 교통수단은 '빌 공(空)' 자를 써서 '항공 교통'이라고 하지요.

▲ 육상 교통은 도로나 철로를 이용해요.

▲ 해상 교통은 물로 다녀요.

▲ 항공 교통은 하늘로 다녀요.

교통질서

交(사귈 교) 通(통할 통)
秩(차례 질) 序(차례 서)

교통질서는 교통을 이용할 때 지켜야 할 규칙이나 차례(차례 질 秩, 차례 서 序)를 뜻해요. 예를 들어, 운전을 할 때 오른쪽(오른 우, 右)으로 가려면 '우회전' 신호를, 왼쪽으로(왼 좌, 左)으로 가려면 '좌회전' 신호를 따라야 하지요. 알파벳 U 자 모양으로 방향을 바꾸는 '유턴'은 유턴 표시가 있는 곳에서만 해야 해요.

운전면허증

運(움직일 운) 轉(구를 전)
免(면할 면) 許(허락할 허)
證(증거 증)

자동차나 배, 비행기와 같은 탈것을 움직이게(움직일 운 運, 구를 전 轉) 하는 것을 '운전'이라고 해요. '면허증'은 특정한 일을 할 수 있도록 허락한다(허락할 허, 許)는 증서이지요. 따라서 **운전면허증**은 운전을 할 수 있는 자격을 증명하는 증서를 의미해요.

운전 면허 시험장

교통안전

交(사귈 교) 通(통할 통)
安(편안할 안) 全(온전할 전)

교통안전은 교통질서와 법규를 잘 지켜 교통사고를 막는 거예요. 교통사고를 예방하려면 교통안전을 위해서 만들어 놓은 약속들을 잘 이해하고 지켜야 해요. 신호등과 우측 보행이 교통안전을 위해 지켜야 할 대표적인 약속이지요. '신호등'은 도로에 설치해 교통 신호를 알리는 장치예요. 차와 사람은 신호등을 보고 가야 할 때와 멈춰야 할 때를 알지요. '우측 보행'은 길을 걸을 때 마주 오는 사람과 부딪히지 않도록 길 오른쪽으로 다니는 거예요.

▲ 우측 통행과 좌측 통행은 교통안전에 도움이 돼요.

▲ 자전거를 탈 때 지켜야 할 교통안전 교육을 받고 있어요.

교통 체증

交(사귈 교) 通(통할 통)
滯(막힐 체) 症(증세 증)

'체증'은 '막힐 체(滯)'와 '증세 증(症)' 자가 합쳐져 막히는 증세를 말해요. 여기에 '교통'이 더해진 **교통 체증**은 차들로 길이 막히는 상태를 뜻하지요. 한 지역에 차가 많이 집중되거나, 교통사고, 도로 공사 따위로 차가 막힐 때 '교통 체증이 심하다.'라고 표현하지요.

대기 오염

大(큰 대) 氣(기운 기)
汚(더러울 오) 染(물들일 염)

교통이 발달하면서 대기 오염도 심각해지고 있어요. **대기 오염**은 공기에 더러운(더러울 오, 汚) 물질이 섞여(물들일 염, 染) 해롭게 변하는 거예요. 대기 오염을 일으키는 원인에는 여러 가지가 있지만, 교통수단에서 나오는 매연이 큰 부분을 차지해요. 그래서 최근에는 대기 오염을 줄이면서 교통수단을 이용하는 방법을 찾으려고 노력하고 있어요.

1 다음 교통 표지판은 어떤 교통수단과 관련이 있는지 찾아서 ○ 해 보세요.

육상 교통　　　해상 교통　　　항공 교통

2 빈칸에 들어갈 낱말을 찾아 ☐ 안에 번호로 써 보세요.

아빠, 저기 ☐ 표시가 있어요.

길을 건널 때는 ☐을 잘 봐야 해.

엄마가 ☐을 하려고 왼쪽 깜빡이를 켜셨네.

① 좌회전　　　② 신호등　　　③ 유턴

3 속뜻짐작 밑줄 친 낱말과 관련된 교통수단을 찾아 선으로 연결해 주세요.

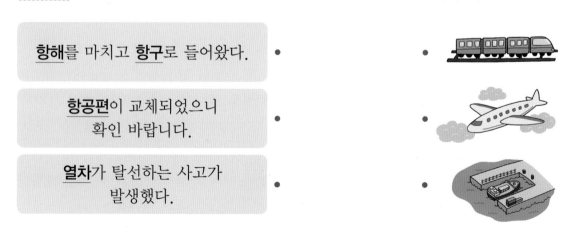

항해를 마치고 **항구**로 들어왔다.

항공편이 교체되었으니 확인 바랍니다.

열차가 탈선하는 사고가 발생했다.

우리는 다양한 교통수단을 이용해 편리한 생활을 하고 있어요.
교통과 관련된 영어 단어나 표현을 알아볼까요?

교통수단

travel by plane
비행기로 여행하다.

get on/off the bus
버스를 타다./내리다.

drive to work
차로 출근하다.

walk to school
걸어서 등교하다.

transportation
교통, 수송

교통 문제

교통 시설

airport
공항

heavy traffic = traffic jam
교통 체증

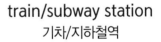

bus stop
버스 정류장

train/subway station
기차/지하철역

car accident
자동차 사고

arrival time ⟷ departure time
도착 시간　　　출발 시간

air pollution
from cars
자동차 매연으로 인한
대기 오염

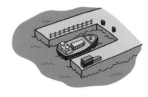
harbor
항구

3주 4일
학습 끝!

붙임 딱지 붙여요

QR 찍고 발음 듣기

대중 매체(大衆 媒體) 관련 말 찾기

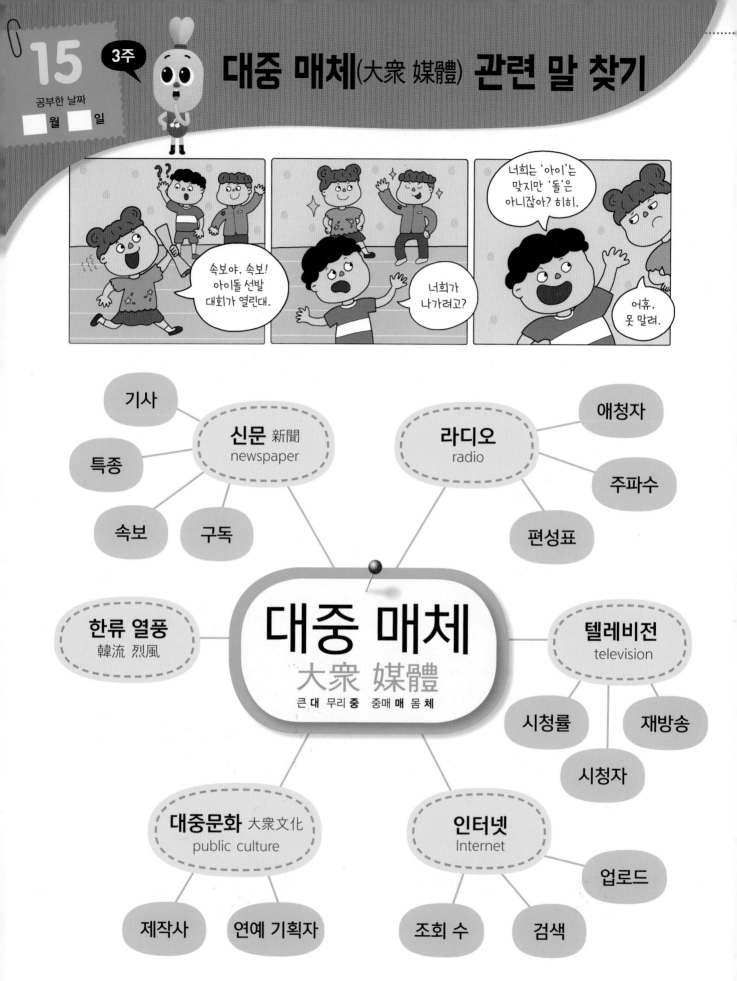

속보야, 속보! 아이돌 선발 대회가 열린대.

너희가 나가려고?

너희는 '아이'는 맞지만 '돌'은 아니잖아? 히히.

어휴, 못 말려.

기사

특종

신문 新聞
newspaper

속보

구독

라디오
radio

애청자

주파수

편성표

한류 열풍
韓流 烈風

대중 매체
大衆 媒體
큰 대 무리 중 중매 매 몸 체

텔레비전
television

시청률

재방송

시청자

대중문화 大衆文化
public culture

제작사

연예 기획자

인터넷
Internet

업로드

조회 수

검색

1 ( )에서 설명하는 낱말을 보기 에서 찾아 써 주세요.

① 이 영상은 (찾아본 횟수)이/가 많아요.

② 난 이 라디오 프로그램의 (즐겨 듣는 사람)(이에)예요.

③ 요즘 저 드라마 (특정한 프로그램을 보는 정도)이/가 높아요.

④ 당신은 이 프로그램의 열혈 (프로그램을 보는 사람)(이)군요.

보기 편성표 조회 수 애청자 시청률 시청자

2 아래 낱말판의 신문처럼, 인터넷과 텔레비전도 관련 있는 낱말을 두 개씩 연결해 주세요. 단, 아래의 조건을 꼭 지켜야 해요.

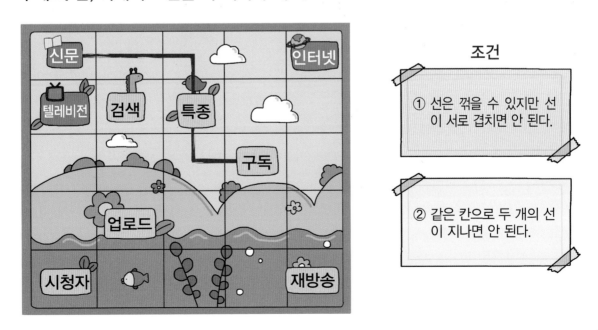

신문 인터넷
텔레비전 검색 특종
구독
업로드
시청자 재방송

조건

① 선은 꺾을 수 있지만 선이 서로 겹치면 안 된다.

② 같은 칸으로 두 개의 선이 지나면 안 된다.

텔레비전, 인터넷, 라디오, 신문 등 많은 사람에게 다양한 정보를 전달하는 것을 '대중 매체'라고 해요. 정보와 함께 우리 일상에 즐거움을 주는 대중 매체에 대해 알아보아요.

신문
新(새로울 신) 聞(들을 문)

대중 매체 중에서 매일 새롭게(새로울 신, 新) 들은(들을 문, 聞) 소식을 전하는 매체가 있어요. 바로 **신문**이에요. 신문은 여러 기사로 이루어져요. '기사'는 새로운 사실이나 정보를 글로 쓴 거예요. 신문에서 가장 중요하게 보도하는 기사는 '특별할 특(特)' 자를 써서 '특종'이라고 하고, 빠르게(빠를 속, 速) 알리는(갚을/알릴 보, 報) 것은 '속보'라고 해요. '구독'은 신문, 잡지 등을 사서(살 구, 購) 읽는(읽을 독, 讀) 거예요.

라디오
radio

라디오는 영어 단어 radio가 우리말이 된 외래어로, 정해진 시간에 음악이나 뉴스 등을 소리로 방송하는 매체예요. 사람들은 방송 제목과 시간을 적은 표인 '편성표'를 보고 좋아하는 라디오 프로그램을 들어요. '주파수'는 전파가 1초 동안 움직이는 횟수이지요. 라디오를 즐겨(사랑 애, 愛) 듣는(들을 청, 聽) 사람(사람 자, 者)은 '애청자'라고 해요.

텔레비전
television

대중 매체 가운데 가장 친숙한 것이 텔레비전일 거예요. **텔레비전** 역시 television이 우리말이 된 외래어로, 정해진 시간에 다양한 영상을 방송하는 매체예요. 텔레비전을 보는 사람은 '볼 시(視)', '들을 청(聽)', '사람 자(者)' 자를 써서 '시청자'라고 해요. 특정 프로그램을 얼마나 많이 보는지 조사해 수치로 나타낸 것은 '시청률', 이미 보여 준 프로그램을 다시(두 재, 再) 방송하는 것은 '재방송'이라고 해요.

인터넷
Internet

인터넷은 '국제적'이라는 뜻인 international의 앞자 inter와 '통신망'을 뜻하는 network의 앞자 'net'이 합쳐진 말로, 세계의 모든 컴퓨터를 연결하는 통신망이에요. 인터넷에는 수많은 정보가 있어서 '검사할 검(檢)'과 '찾을 색(索)' 자가 합쳐진 '검색'을 통해 정보를 찾을 수 있어요. '조회 수'는 인터넷에 올라온 내용을 찾아본 수이고, '업로드'는 영어 단어 upload를 그대로 쓴 말로, 파일이나 자료를 보내거나 올리는 것을 뜻해요.

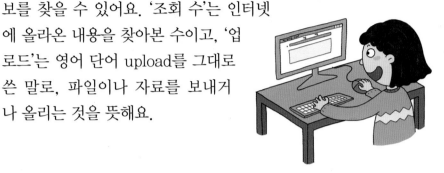

대중문화
大(큰 대) 衆(무리 중)
文(글월 문) 化(될/변화할 화)

대중문화는 대중이 이끄는 문화라는 뜻이에요. 주로 텔레비전에서 방송되는 드라마, 영화, 음악 등을 가리키지요. 드라마나 영화 등을 만드는 회사를 '제작사'라고 해요. 제작사에는 스타들을 발굴하고 이끌어 주는 '연예 기획자'가 있어요. '연예'는 연기나 노래, 춤 같은 재주(재주 예, 藝)를 관중 앞에서 공연하는 것을 말해요.

한류 열풍
韓(나라 이름 한) 流(흐를 류/유)
烈(매울/뜨거울 렬/열)
風(바람 풍)

한류 열풍은 해외에서 선풍적인 인기를 끄는 한국의 대중문화를 일컫는 말이에요. '나라 이름 한(韓)'과 '흐를 류/유(流)' 자를 쓰는 '한류'에, 강하게(매울/뜨거울 렬/열, 烈) 부는 바람(바람 풍, 風)을 뜻하는 '열풍'이 합쳐진 말이지요. 한류로 인기를 끄는 배우나 가수 등은 '한류 스타'라고 부르고, 한류 스타와 관련된 상품은 '한류 상품'이라고 해요.

〈한류 열풍을 이끄는 한국 문화〉

한복

한국 드라마

한식

한국 대중음악

1 빈칸에 들어갈 낱말을 순서대로 바르게 짝지은 것을 찾아 주세요. (   )

나는 라디오 듣는 걸 좋아하는 ㉮ (이)야.

나는 텔레비전을 즐겨 보는 ㉯ (이)야.

정보를 알고 싶을 때는 ㉰ (으)로 검색하면 돼.

① 애청자-시청자-인터넷
② 애청자-애청자-인터넷
③ 시청자-시청자-인터넷
④ 인터넷-애청자-시청자

2 상자에 낱말 카드가 여러 장 들어 있어요. 어떤 낱말들이 들어 있는지 알려 주려면 상자 앞에 어떤 낱말을 써 넣어야 할까요? 보기 에서 알맞은 낱말을 골라 쓰세요.

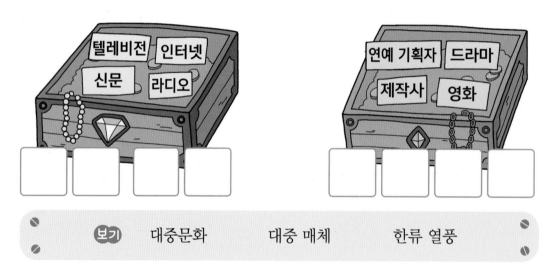

텔레비전 인터넷 신문 라디오

연예 기획자 드라마 제작사 영화

보기   대중문화   대중 매체   한류 열풍

3 속뜻 짐작 밑줄 친 낱말의 뜻은 무엇일까요? (   )

대중 매체는 문화를 **획일화**하는 경향이 있어요.

① 좋게 만듦.
② 여러 방면에 걸치도록 함.
③ 여러 가지로 만듦.
④ 한결같이 비슷하게 함.

'획일'은 모두를 하나(한 일, 一)로 긋는다(그을 획, 劃)는 뜻이야.

텔레비전과 라디오 방송을 만들려면 많은 사람이 필요해요.
방송국에서 일하는 다양한 사람들을 영어 단어로 알아보아요.

news anchor

'뉴스 진행자'인 news anchor는 해설과 논평을 곁들여 뉴스를 진행하는 사람이에요.

news writer

news writer는 news에 '작가'를 뜻하는 단어인 writer가 합쳐진 말로 뉴스 대본을 쓰는 작가를 말해요.

producer

producer는 '생산하는 사람'으로, 방송에서 제작의 모든 것을 책임지는 사람을 말해요.

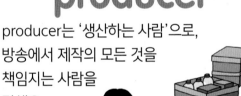

studio engineer

studio engineer는 스튜디오에서 녹화한 프로그램을 전국에 방송되도록 작업하는 사람이에요.

3주 5일
학습 끝!

붙임 딱지 붙여요.

graphic artist

graphic artist는 텔레비전 방송에서 그림과 관련한 작업을 담당하는 사람이에요.

QR 찍고 발음 듣기

막힘없이 통하는 '사통팔달'

쯧쯧, 언제까지 이런 꽉 막힌 동네에서 살 거야?

자네 이사했다는 얘긴 들었는데, 살 만한가?

살 만한 정도가 아니야!

어디든 가서 원하는 걸 보고 먹고 즐길 수 있는 '사통팔달' 도시라고!

??

사통팔달?

쯧쯧, 알 리가 없지.

'사방으로 통하고 팔방으로 닿아 있다.'는 뜻이지. 한마디로 통신망이나 교통이 잘 발달되어 있다는 거야.

아!

볼거리도 많고 먹을거리도 아주 많다고!

우아!

사통팔달(넉 사 四, 통할 통 通, 여덟 팔 八, 통달할 달 達): 이리저리 사방으로 통하는 것을 뜻해요.

토잉이와 함께
끝까지 해 보자고!

헷갈리기 쉬운 낱말들을 비교하며 배워요.

PART 3

PART3에서는 소리나 뜻이 비슷해서
헷갈리기 쉬운 낱말들을 비교하며 배워요.

유(有), 유(遺), 유(留) 비교하기

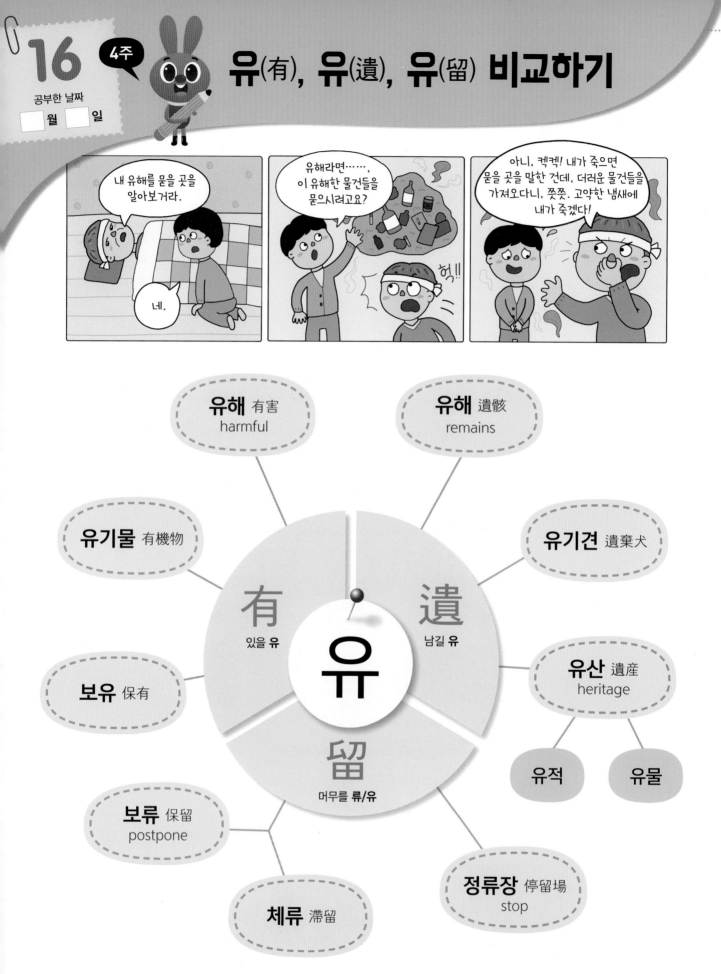

1 밑줄 친 낱말에 있는 '유' 자가 '남기다'라는 의미로 쓰였으면 ○, '있다'라는 의미로 쓰였으면 △, '머무르거나 미루다'라는 의미로 쓰였으면 ♡를 빈칸에 그려 보세요.

불쌍한 **유기견**이구나. ◯

버스 **정류장**으로 빨리 가야지. ◯

유해 물질이니 만지지 마시오. ◯

경주에는 신라의 **유적**이 많아. ◯

저 건물을 내가 **보유**하다니! ◯

이 서류는 **보류**하도록 하지. ◯

유해 vs 유해
有(있을 유) 害(해칠 해)
遺(남길 유) 骸(뼈 해)

낱말들 중에는 소리가 같은데 한자와 뜻이 다른 것들이 있어요. '유해'도 그런 낱말 가운데 하나이지요. '있을 유(有)'와 '해칠 해(害)' 자가 합쳐진 **유해**는 해로운 게 있다는 뜻이에요. 반면 '남길 유(遺)'에 '뼈 해(骸)' 자를 쓰는 **유해**는 죽은 사람의 뼈라는 뜻이에요.

유기물 vs 유기견
有(있을 유) 機(베틀/기계 기)
物(물건 물) 遺(남길 유)
棄(버릴 기) 犬(개 견)

'있을 유(有)' 자가 들어간 **유기물**은 동물, 식물 등 생명체 안에서 만들어지는 물질이에요. 유기물의 상대어는 '없을 무(無)' 자를 쓰는 '무기물'이에요. 반면 버려진 개(개 견, 犬)는 **유기견**이라고 하는데, 여기에서 '유기'는 내다 버린다는 뜻이에요. 유기견은 '유기 동물 보호 센터'에서 돌봐 주고, 새 주인도 찾아 줘요.

보유 vs 보류
保(지킬 보) 有(있을 유)
留(머무를 류/유)

보유는 가지고 있거나(있을 유, 有) 지켜서(지킬 보, 保) 간직하고 있는 것을 뜻해요. 보유는 물건만이 아니라, '세계 기록 보유자'처럼 기록이나 재능 등에도 쓸 수 있어요. 반면 소리가 비슷한 **보류**는 일을 나중으로 미루는(머무를 류/유, 留) 거예요. 집을 떠나 다른 곳에 머물러 있는 것은 '막힐 체(滯)' 자를 써서 '체류'라고 해요.

유산
遺(남길 유) 産(낳을 산)

유산은 죽은 사람이 남겨 놓은(남길 유, 遺) 재산(낳을 산, 産)을 뜻해요. 또 선조가 남겨 놓은 물건이나 문화를 뜻하기도 하지요. 유산 중에서 집터, 무덤처럼 과거의 자취가 남은 곳은 '유적'이라고 하고, 조상들이 남겨 놓은 물건(물건 물, 物)은 '유물'이라고 해요.

정류장
停(머무를 정) 留(머무를 류/유)
場(마당 장)

정류장은 버스나 택시가 사람을 태우고 내려 주기 위해 잠시 머무르는(머무를 정 停, 머무를 류/유, 留) 장소(마당 장, 場)예요. 비슷한말로 '정류소'와 '정거장'이 있어요.

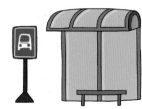

유기물과 무기물

　부모님을 따라 마트에 갔다가 '유기농' 제품이라고 적혀 있는 과일이나 채소를 본 적이 있나요? 유기농은 화학 비료나 농약을 쓰지 않고 자연에서 얻은 것들로 농사를 짓는 거예요. 여기서 '자연에서 얻는 것들'이 바로 유기물인데, 좀 더 정확히 말하면 '유기물'은 생명체를 이루고 있거나 생명체에서 나오는 물질이에요. 동물의 배설물, 낙엽, 썩은 나뭇가지 등이 모두 유기물이지요.

　유기물과 달리 물, 흙, 공기, 돌처럼 생명을 지니지 않은 물질을 통틀어 '무기물'이라고 해요. 간혹 유기농이 자연에 가깝고 몸에 좋다고 생각해서 유기물만 좋은 것으로 생각하기도 해요. 그러나 무기물 역시 우리 몸에 좋고 우리가 살아가는 데 꼭 필요한 물질이에요.

낱말상식독

　'유기물'이라는 낱말에는 소리는 같으나 '남길 유(遺)', '버릴 기(棄)', '물건 물(物)' 자를 쓰는 '유기물'이 있는데, '내다 버린 물건'이란 뜻이에요. 지하철역에 있는 '유기물 보관소'는 지하철을 타고 다니는 승객들이 잃어 버린 물건을 보관하는 장소이지요.

1 사진과 관련이 있는 낱말을 찾아 선으로 이어 주세요.

정류장은 버스나 택시를 타고 내리는 곳이에요.

유적은 조상의 자취가 남아 있는 곳이에요.

유기견은 버려진 개예요.

2 다음 빈칸에 들어갈 낱말을 보기 에서 찾아 써 보세요.

이건 할아버지가 남긴 소중한 ☐☐ (이)야.

앗! 해로운 ☐☐ 물질이 있을지 몰라!

부산에 얼마나 오래 ☐☐ 하세요?

보기 체류   유해   유산

3 속뜻짐작 밑줄 친 '유/류' 자가 같은 뜻으로 쓰인 것끼리 선으로 이어 주세요.

저 선수는 세계 기록을 **보유**하고 있어.

솔이의 언니는 미국 **유학생**이야.

현재 이모는 뉴욕에 **체류**하고 계셔.

자기 **소유물**에 이름을 적읍시다!

조상이 남긴 유물들은 박물관에서 볼 수 있어요.
다양한 종류의 박물관을 영어로 알아볼까요?

history museum

history는 '역사'를 뜻하는 말이고, history museum은 '역사박물관'이에요. 역사박물관에는 유물, 기념품, 옛 문서 등 역사 자료가 전시되어 있어요.

▲ 국립 고궁 박물관(서울시 종로구)

4주 1일
학습 끝!

붙임 딱지 붙여요.

folklore museum

▲ 국립 민속 박물관(서울시 종로구)

folklore museum은 '민속 박물관'으로, 사람들의 생활 모습이나 풍속과 관련된 자료를 모아 전시하는 박물관이에요. folklore는 '민속'이라는 뜻이에요.

war museum

war는 '전쟁'이라는 뜻이고, war museum은 '전쟁 박물관'이에요. 전쟁 박물관에는 전쟁과 관련된 여러 가지 무기나 자료 등이 전시되어 있어요. 전쟁 박물관에서는 전쟁이 우리에게 얼마나 큰 피해를 주는지 배울 수 있어요.

▲ 전쟁 박물관(서울시 용산구)

QR 찍고 발음 듣기

대(大), 대(代), 대(對) 비교하기

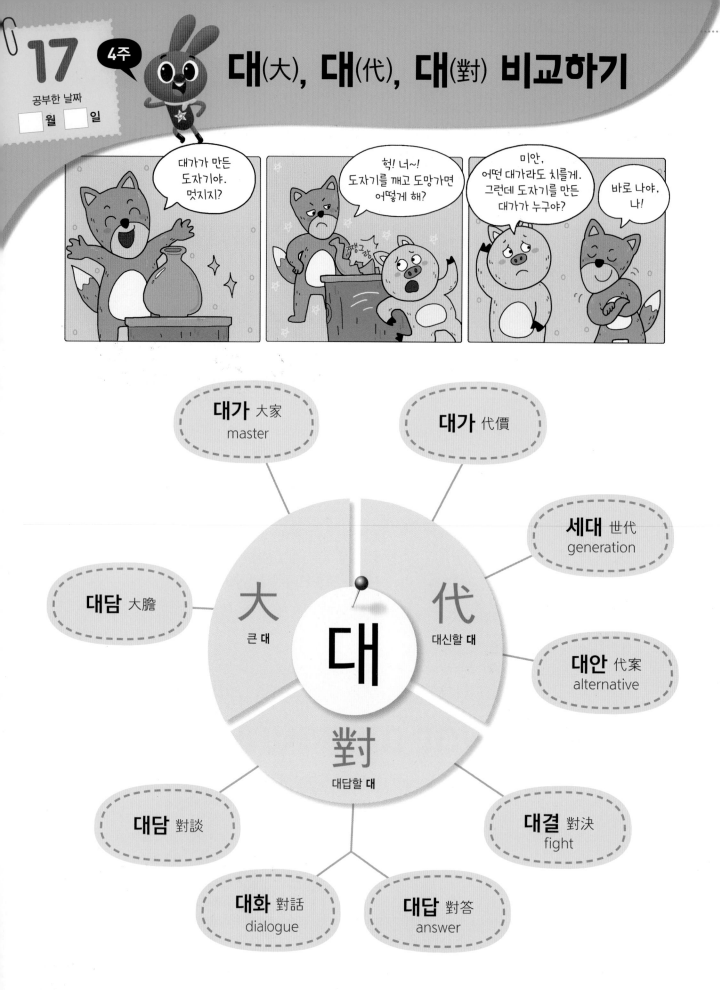

1 동물 친구들이 집에 돌아갈 시간이에요. 강아지는 '대신하다'라는 뜻이 담긴 낱말을, 고양이는 '이야기하거나 대답하다'라는 뜻이 담긴 낱말을 따라가야 집에 갈 수 있지요. 강아지와 고양이 집은 어디인지 함께 찾아가 보세요.

① 고양이 집은 (노랑 / 회색 / 빨강) 지붕이에요.

② 강아지 집은 (빨강 / 초록 / 회색) 지붕이에요.

대가 vs 대가
大(큰 대) 家(집 가)
代(대신할 대) 價(값 가)

'미술의 대가를 만났어요.'라고 할 때의 **대가**는 어떤 분야에서 크게(큰 대, 大) 뛰어난 사람(집 가, 家)이에요. 여기서 '집 가(家)' 자는 전문가라는 뜻으로 쓰였지요. 반면 '심부름 대가', '노력의 대가'에서 **대가**는 어떤 일을 해 준 값(값 가, 價)으로 대신(대신할 대, 代) 받는 돈이나 결과를 말해요. [대:까]라고 읽어요.

대담 vs 대담
大(큰 대) 膽(쓸개 담)
對(대답할 대) 談(말씀 담)

'큰 대(大)'와 '쓸개 담(膽)' 자가 합쳐진 **대담**은 어떤 일도 겁내지 않고 해내는 용기를 뜻해요. '대담하게 나서다.'처럼 쓰지요. 반면 '전문가들이 대담을 나누다.'에서 **대담**은 마주 대하고(대답할 대, 對) 이야기하는(말씀 담, 談) 것을 뜻해요.

세대
世(세상 세) 代(대신할 대)

나이 차이가 나서 생각이 다르면 흔히 '세대 차이가 난다.'고 해요. 여기서 **세대**는 같은 시대에 살면서 비슷한 나이와 비슷한 생각을 가진 사람들이지요. '구세대', '신세대', '세대 갈등'처럼 써요.

대안
代(대신할 대) 案(책상/생각 안)

아무리 생각해도 뾰족한 해결책이 없을 때 '대안이 없다.'라고 하지요? **대안**은 먼저 있던 계획이나 생각을 대신할(대신할 대, 代) 만한 좋은 생각(책상/생각 안, 案)을 말해요. '대안을 내놓다.', '대안을 찾다.' 등으로 써요.

대결
對(대답할 대) 決(결단할 결)

대결은 상대방과 어느 쪽이 더 나은지 겨루는 거예요. 여기서 '대답할 대(對)' 자는 '대하다'라는 뜻으로 쓰였지요. 고유어 '겨루기', '맞서기'로 바꾸어 쓸 수 있어요.

대화 / 대답
對(대답할 대) 話(말씀 화)
答(대답 답)

대화는 서로 마주 대하여(대답할 대, 對) 이야기(말씀 화, 話)를 주고받는다는 거예요. 반면 '대답 답(答)'이 쓰인 **대답**은 다른 사람이 묻거나 불렀을 때 답하는 거예요.

남한과 북한을 이어 주는 대화

'대화'는 사람들이 서로 마주하고 이야기하는 거예요. 우리는 대화를 하면서 자신의 생각을 전달하고, 상대방의 생각을 알 수 있어요. 그래서 가까운 사람일수록 대화가 필요하다고 하지요. 그런데 대화가 필요한 사이가 또 있어요. 세계에서 유일한 분단국가인 남한과 북한이에요. 남한과 북한은 통일을 바라보며 오랫동안 대화를 이어 왔어요. 아직 모두가 원하는 통일을 이루지는 못했지만, 남한과 북한이 대화를 통해 이룬 성과는 매우 많아요. 어떤 성과가 있었는지 살펴보며, 평화로운 한반도를 만들기 위해 대화가 왜 중요한지 생각해 봐요.

1980년대 이산가족 만남

1971년에 시작된 남북 적십자 회담을 계기로 1980년대에 남북 대화를 통한 첫 남북 이산가족의 만남이 이루어졌어요.

2000년 남북 정상 회담

2000년 6월, 남북 정상 회담을 통해 '6·15 남북 공동 선언문'을 발표했어요. 이 회담 이후 남북 관계는 빠르게 좋아졌어요.

2003년 금강산 육로 관광

1998년, 바닷길을 통해 북한의 금강산을 관광할 수 있게 되었어요. 이후 2003년에는 육로를 통한 금강산 관광이 가능해졌고, 마침내 2005년에는 금강산 관광객이 100만 명을 돌파했어요.

우아, 이제 곧 통일이 되겠는걸!

1 빈칸에 들어갈 낱말을 보기 에서 찾아 써 보세요.

차가 꽉 막혔네. 좋은 ☐이/가 없을까?

엄마가 물어보는데 ☐을/를 해야지!

☐의 솜씨를 보여 주마.

보기   대답   대안   대가

2 밑줄 친 낱말과 비슷한말을 찾아 선으로 이어 주세요.

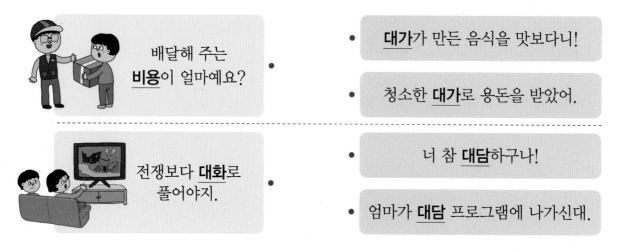

배달해 주는 **비용**이 얼마예요?   •

전쟁보다 **대화**로 풀어야지.   •

•   **대가**가 만든 음식을 맛보다니!

•   청소한 **대가**로 용돈을 받았어.

•   너 참 **대담**하구나!

•   엄마가 **대담** 프로그램에 나가신대.

3 속뜻짐작 밑줄 친 낱말의 뜻을 바르게 설명한 것은 무엇일까요? (   )

대강 준비하면 **대회**에 나갈 수 없어요.

① 자세하지 않게 서둘러 봄. / 마주 대하여 이야기를 주고받음.

② 꼼꼼하게 살펴봄. / 일정한 규칙으로 기술을 겨룸.

③ 자세하지 않게 기본만 살펴봄. / 기술, 재주 등을 겨루는 큰 모임

우리 고유어에도 '큰 대(大)' 자처럼 '크다'라는 뜻을 더해 주는 말들이 있어요.
고유어로 이루어진 재미있는 낱말을 알아봐요.

말고개와 말벌

우리나라 전국 곳곳에는 말고개, 말재, 말바위, 말무덤 등으로 불리는 곳이 있어요. 그런데 말고개는 말이 다녔던 고개일까요? 이때 '말'은 동물 '말(말 마, 馬)'이 아니라 '크다'라는 뜻의 고유어예요. 그래서 '말고개'는 크고 험한 고개라는 뜻이고, '말벌'은 큰 벌이라는 뜻이에요.

저기 말고개가 있네!

말처럼 생기지 않았는데?

하하, 말고개는 큰 고개라는 뜻이야.

4주 2일
학습 끝!

붙임 딱지 붙여요.

맏이와 맏사위

'맏'은 형제나 자매 등 가족을 나타내는 말 앞에 붙어서 '첫째, 손윗사람'의 뜻을 더해요. 그래서 '맏이'는 형제자매 중 가장 윗사람을, '맏사위'는 자매 중에서 맏딸과 결혼한 사위를 가리키지요. '맏'이 붙은 말에는 '맏형', '맏며느리', '맏아들', '맏손자' 등이 있어요.

키는 작지만 제가 맏이예요.

오, 네가 이 집 장남이구나!

한걱정과 한길

'한걱정'은 큰 걱정을 뜻해요. 또 '한길'은 사람이나 차가 많이 다니는 넓은 길을 말하지요. 여기서 '한'은 '크다, 넓다'라는 의미예요. 충청도에 있는 대전광역시는 예로부터 커다란 밭이 많아서 '한밭'이라고 불렸답니다.

아빠, 걱정 마세요.

네가 학교에 잘 다녀서 한걱정 덜었어.

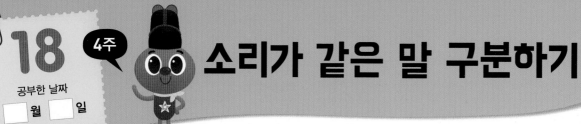

소리가 같은 말 구분하기

고대
古(예 고) 代(대신할 대)

> 고조선은 고대 국가이다.
> 빗살무늬 토기는 고대의 유물이다.

'예 고(古)'와 '대신할 대(代)' 자가 합쳐진 고대는 옛 시대를 가리켜요. 지금으로부터 까마득히 오래된 때를 말하는 것이지요. 역사적으로는 원시 시대와 중세 사이를 고대라고 해요. 우리나라 역사에서는 단군이 세운 최초의 국가인 고조선부터 고려 전까지가 고대랍니다.

고대
苦(괴로울 고) 待(기다릴 대)

> 아이들이 체험 학습 날만 고대하고 있다.
> 우리 팀은 1승을 고대하고 있다.

'내일이면 고대하던 체험 학습 날인데, 비가 오면 어쩌지?' 현장 체험 학습 날이 다가오면 이런 걱정에 하늘을 올려다본 적이 있지요? 무언가를 애타게 기다리는 건 참 괴로운 일인데, 그 마음을 잘 품고 있는 낱말이 '괴로울 고(苦)'와 '기다릴 대(待)' 자를 합친 '고대'예요. 고대는 무언가를 몹시 기다린다는 뜻이거든요. '놀이동산에 가는 날을 고대했다.', '첫눈이 오길 고대했다.'처럼 써요.

경로
敬(공경할 경) 老(늙을 로/노)

할아버지께서 **경로** 우대증을 보여 주셨다.
우리 아파트에서 **경로**잔치가 열렸다.

경로는 '공경할 경(敬)'과 '늙을 로/노(老)' 자가 합쳐진 낱말로, 노인을 공손히 받들어 모시는 것을 뜻해요. 여기에 '자리 석(席)' 자가 합쳐지면, 버스나 지하철에서 노인을 위한 자리인 '경로석'이 되고, '집 당(堂)' 자가 붙으면 노인들을 위해 마련한 집이나 방인 '경로당'이 되지요. 그 밖에 '경로잔치', '경로 우대' 등에 써요.

경로
經(지날/글 경) 路(길 로/노)

철새들의 이동 **경로**를 따라갔다.
셜록 홈스는 사건의 **경로**를 파헤쳤다.

'범인이 도망간 경로를 찾아냈어.'에서 **경로**는 지나는 길이에요. '태풍의 이동 경로가 바뀌었어.', '목적지까지 경로를 탐색하겠습니까?'라고 할 때도 같은 의미이지요. 그렇다면 '사건의 경로를 파헤쳤다.'에서의 '경로'도 길일까요? 아니에요. 여기서 경로는 어떤 일이 일어나게 된 방법이나 순서를 뜻해요. '지날 경(經)' 자와 '길 로/노(路)' 자가 합쳐진 '경로'는 이렇게 두 가지 뜻으로 쓰인답니다.

감사
感(느낄 감) 謝(사례할 사)

부모님께 **감사** 편지를 썼다.
동생을 찾아 준 아주머니께 **감사** 인사를 했다.

'느낄 감(感)'에 '사례할 사(謝)' 자가 합쳐진 **감사**는 고맙게 여기는 마음이에요. 고유어인 '고마움'과 같지요. 우리에게는 감사한 사람이 참 많아요. 하지만 표현하는 것을 잊고 지내기 쉽지요. 특히 부모님께는 감사하다는 말을 거의 하지 않아요. 오늘은 '감사'라는 낱말을 배웠으니 부모님께 감사 인사를 해 보는 게 어떨까요? '감사 편지'를 쓰면 더 좋고요.

감사
監(볼 감) 査(조사할 사)

A 그룹은 **감사**를 받았다.
아빠가 **감사** 자료를 준비하느라 바쁘시다.

우리나라 국가 기관 중에는 '감사원'이라는 곳이 있어요. 나라의 살림살이를 살피고, 공무원들이 일을 잘하고 있는지 알아보는 곳이에요. 이때의 **감사**는 '볼 감(監)'에 '조사할 사(査)' 자를 써서 살피고 조사하는 것을 뜻해요. 회사의 누군가가 회삿돈을 마음대로 쓰지는 않는지, 일은 제대로 하고 있는지 등을 살피고 조사하는 것이 감사이지요. '국정 감사를 하다.', '세무 감사를 하다.'처럼 쓸 수 있어요.

대상

大(큰 대) 賞(상 줄 상)

내가 좋아하는 연기자가 **대상**을 받았다.
그는 아깝게 **대상**을 놓쳤다.

연말이 되면 여기저기에서 크고 작은 시상식이 열려요. 한 해 동안 수고한 사람들을 모아 여러 가지 상을 주는데, 그중 으뜸이 되는 상이 바로 '대상'이에요. 대상은 재주, 능력, 기술 등을 겨루는 대회에서 가장 뛰어난 작품이나 사람에게 주는 상(상 줄 상, 賞)이에요. '연예 대상', '봉사 대상', '공모전 대상'처럼, 보통 어떤 대회나 시상식에서 가장 큰 상을 가리키지요.

대상

對(대답할 대) 象(코끼리 상)

전학 온 아이가 친구들의 관심 **대상**이 되었다.
이 책은 초등학생을 **대상**으로 만들어졌다.

아이가 도저히 이해할 수 없는 행동을 하면 부모님이 "넌 정말 연구 대상이구나!"라고 말할 때가 있어요. 이때의 **대상**은 무언가를 하려고 할 때 그 상대나 목표로 삼는 것을 뜻하지요. 쥐를 연구하면 연구의 대상은 쥐예요. 친구 얼굴을 그릴 때 그림의 대상은 친구이고, 축구나 농구를 할 때 경기 대상은 상대편 선수들이랍니다. 그리고 부모님의 관심 대상은 바로 여러분이에요.

1 밑줄 친 '고대'의 뜻을 보기 에서 찾아 빈칸에 번호로 쓰세요.

와, **고대**하던 체험 학습 날이다.

고대 역사박물관에 가다니, 정말 신나.

우아, **고대** 사람들의 생활 모습을 볼 수 있겠다.

보기 ① 아주 먼 옛날 ② 몹시 기다림.

2 밑줄 친 '감사'의 뜻에 어울리는 그림을 찾아 선으로 연결하세요.

감사의 마음을 담아 편지를 썼습니다.

감사에 필요한 서류를 가져가겠습니다.

3 밑줄 친 '경로'의 뜻이 같은 것끼리 선으로 연결하세요.

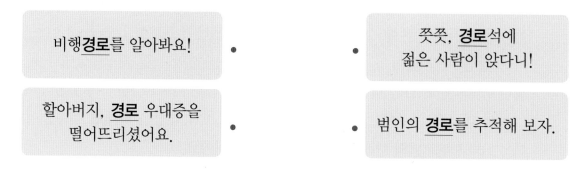

비행**경로**를 알아봐요!

쯧쯧, **경로**석에 젊은 사람이 앉다니!

할아버지, **경로** 우대증을 떨어뜨리셨어요.

범인의 **경로**를 추적해 보자.

4 다음 글에서 밑줄 친 '대상'의 뜻이 '으뜸상'이면 ○, '어떤 일의 상대'면 □를 그려 주세요.

> 우리 학교는 봄이 되면 체육 대회를 연다. 반별로 겨루어 일 등을 하는 반에게 **대상**을 준다. 이번 체육 대회에서는 꼭 우리 반이 **대상**을 차지하여 다른 반 아이들이 부러워하는 **대상**이 되고 싶다.

5 왕자님이 공주님을 구하기 위해 길을 떠났어요. 밑줄 친 낱말의 뜻을 찾아 길을 따라가면 공주님을 만날 수 있어요.

4주 3일
학습 끝!

붙임 딱지 붙여요.

출발

고대하던 선물
먼 옛날
몹시 기다림.

대상 수상
오랜 옛날의 추모
우러름

이동 **경로**
감동의 **감사** 편지
살피고 조사하는 것
고마움에 대한 인사

지나간 길
노인을 공경함.

도착

헷갈리는 말 살피기

| **마치다** | 수업을 마치다.
이순신 장군이 거북선에서 생을 마치다. |

마치다는 어떤 일이나 과정을 끝냈다는 뜻이에요. '숙제를 마치다.', '일을 마치다.' 등으로 쓸 수 있어요. 그런데 위인전을 읽다 보면 '생을 마치다.'라는 표현을 볼 수가 있어요. 이때의 '마치다'는 사람이 더 살지 못하고 끝낸다는 뜻이에요. '끝맺다', '다하다' 등으로 바꿔 쓸 수 있어요.

| **맞히다** | 수학 정답을 맞히다.
친구 얼굴에 실수로 공을 맞히다. |

맞히다는 문제의 답을 맞게 하는 거예요. 또 과녁에 화살을 맞히는 것처럼 쏘거나 던져 목표물에 맞게 한다는 뜻으로도 쓰지요. '맞히다'는 비나 눈, 우박 같은 것을 맞게 한다는 뜻도 있어서, '빨래를 비에 맞히다.'처럼 쓸 수 있어요.

| **맞추다** | 수업 시간을 맞추다.
예쁜 옷을 맞추다. |

맞추다는 '옷을 맞추다.', '줄을 맞추다.', '퍼즐을 맞추다.'처럼 떨어지거나 조각난 것을 제자리에 끼워 넣거나, 무언가를 가지런하게 놓는 거예요. 또 시간이나 음식의 간을 어떤 기준과 같게 할 때에도 '맞추다'라고 해요.

1 만화를 보고 (   )에서 알맞은 낱말을 골라 ○ 하세요.

2 밑줄 친 낱말의 뜻을 찾아 선으로 연결해 주세요.

옷을 **맞추러** 왔어요. •	• 다하여 끝내다.
이것만 하면 일을 **마칠** 수 있어요. •	• 들어맞게 하다.

몇 날

몇 날을 굶었는지 모르겠어.
몇 날에 갈 거야?

'몇'은 그리 많지 않은 얼마만큼의 수를 막연하게 이르는 말이에요. '친구들 몇이 더 왔다.', '손님들이 몇 안 되는군요.'와 같이 쓸 수 있지요. 또 잘 모르는 수를 물을 때 '몇'을 쓸 수 있어요. '나이가 몇이에요?', '점수가 몇 대 몇이야?' 등으로 물을 수 있어요. **몇 날**은 '몇'과 '날'이 함께 쓰여 정확하게 모르는 얼마 동안의 날을 뜻해요. 한 낱말이 아니기 때문에 '몇 갑절', '몇 가지', '몇 년', '몇 날 며칠'처럼 띄어 쓰지요. 보통은 '며칠', '며칟날'을 더 많이 써요.

만날(맨날)

만날 그 옷이야.
너는 왜 맨날 똑같은 이야기를 하니?

'너는 만날 자니?'라고 할 때 '만날'이 맞을까요, '맨날'이 맞을까요? 정답은 둘 다 맞지만 원래 '만날'이 맞아요. **만날**은 '일만 만, 萬' 자에 고유어 '날'이 합쳐진 낱말로, 매일같이 계속하여서라는 뜻이지요. 그런데 소리 내기가 불편해서, '만날'을 **맨날**로 많이 말했어요. 그러자 국립국어원에서 2011년에 '맨날'도 맞는 것으로 인정했어요. '자장면'과 '짜장면', '괴발개발'과 '개발새발', '나래'와 '날개', '눈초리'와 '눈꼬리', '먹을거리'와 '먹거리' 등도 '만날'과 '맨날'처럼 둘 다 맞는 낱말이랍니다.

1 글자 카드에서 필요 없는 글자에 X 하여 빈칸에 들어갈 낱말을 만들어 주세요.

2 밑줄 친 낱말이 잘못 쓰인 문장을 골라 보세요. (   )

① 아빠는 **맨날** 똑같은 말씀만 해요.

② 그 친구는 **몇 날** 반찬 투정을 해서 같이 밥 먹기가 싫어요.

③ 시험이 코앞인데 **만날** 놀기만 하니?

3 다음 밑줄 친 낱말과 바꾸어 쓸 수 있는 낱말을 순서대로 짝지은 것을 골라 보세요. (   )

① ㉮ 맨날, ㉯ 먹거리, ㉰ 짜장면   ② ㉮ 몇 날, ㉯ 길거리, ㉰ 짜장면

③ ㉮ 맨날. ㉯ 길거리, ㉰ 짬짜면   ④ ㉮ 몇 날, ㉯ 먹거리, ㉰ 짬짜면

가로

바둑판에는 **가로**와 세로로 줄이 그어져 있다.
누나는 고개를 **가로** 내저었다.

옷에 있는 무늬 중에 가로로 줄을 그은 무늬를 가로줄 무늬라고 하지요? 여기에서 **가로**는 왼쪽에서 오른쪽으로 나 있는 방향이나 길이를 가리켜요. 우리는 보통 싫다고 표현할 때 고개를 옆으로 흔들어요. 이럴 때 '고개를 가로 내젓다.'라고 표현할 수 있어요. 반면 가로의 상대어인 '세로'는 위에서 아래로 나 있는 방향이나 길이예요. 고개를 세로로 끄덕이면 긍정의 의미를 나타내요. 가로쓰기와 세로쓰기, 가로줄과 세로줄, 가로축과 세로축 등 가로와 세로는 함께 쓰이는 때가 많지요.

가로(街路)

미화원 아저씨들이 **가로** 청소를 하였다.
가로에 은행나무를 심었다.

'거리 가(街)'와 '길 로/노(路)' 자를 쓰는 **가로**는 도시의 넓은 도로를 말해요. 가로는 교통안전을 위해 사람들이 걷는 길과 차가 다니는 길로 나눠져 있지요. 가로에 설치한 등은 '가로등'이라고 하고, 가로에 아름답게 심은 나무는 '가로수'라고 해요. 그리고 가로수가 줄지어 심어져 있는 길을 '가로수 길'이라고 한답니다.

1 '가로'의 뜻이 같은 것끼리 선으로 연결해 주세요.

4주 4일
학습 끝!

붙임 딱지 붙여요.

2 밑줄 친 낱말의 뜻을 찾아 선으로 연결해 주세요.

가로 보수 공사를 하고 있어요. •	• 왼쪽에서 오른쪽으로 나 있는 방향이나 길이
가로로 줄을 서세요. •	• 도시의 넓은 도로

3 '가로'의 뜻이 나머지 2개와 다른 그림을 찾아 ○ 해 보세요.

앞뒤에 붙는 말 알아보기

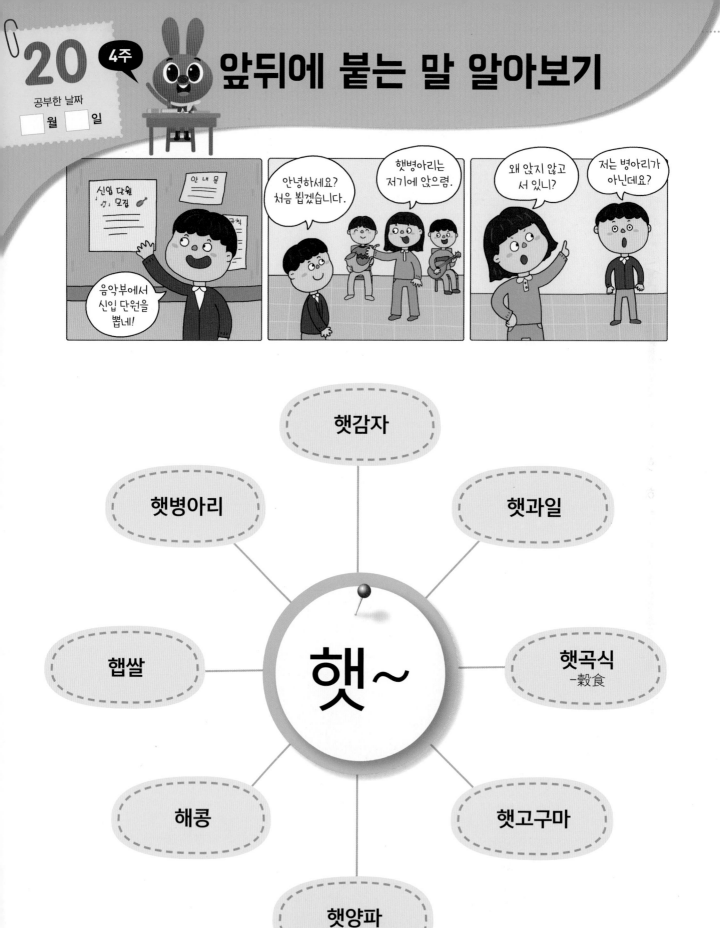

1 바구니에 낱말을 써서 무엇이 들어 있는지 표시하려고 해요. '햇, 해, 햅' 가운데
알맞은 글자에 ○ 하면서 음식이 차려진 상까지 가 보세요.

햇병아리

햇병아리
햇+병아리

'햇~'은 낱말 앞에 붙어서 '새로 난' 또는 '얼마 되지 않은'이라는 뜻을 나타내요. **햇병아리**는 알에서 금방 깨어난 병아리를 가리키지요. 갓 깬 병아리는 잘 걷지 못하지요? 그래서 어떤 일을 시작한 지 얼마 안 되는 사람을 '햇병아리'라고 불러요.

햇감자
햇+감자

'햇~'에 '감자'가 합쳐진 **햇감자**는 그해에 새로 난 감자를 가리켜요. '밭에서 갓 캔 햇감자를 쪄 먹었다.'와 같이 쓸 수 있어요.

햇과일
햇+과일

햇과일은 그해에 새로 열린 과일이에요. 햇사과, 햇복숭아, 햇감, 햇밤 등이 모두 햇과일이지요. 비슷한말로 '햇과실', '햇실과'가 있어요.

햇곡식
햇+穀(곡식 곡) 食(먹을 식)

벼 보리 콩 밀 조

'곡식 곡(穀)'에 '먹을 식(食)' 자를 쓴 '곡식'은 벼, 보리, 콩, 밀, 조 같이 식량이 되는 먹을 거리를 뜻해요. '곡물'과 같은 말이지요. 여기에 '햇~'을 붙인 **햇곡식**은 그해에 거둔 곡식이에요.

햇고구마
햇+고구마

고구마에 '햇~'을 붙인 **햇고구마**는 그해에 캔 고구마를 의미해요. 고구마는 단맛이 강하고 비타민이 풍부해서 건강 간식으로 많이 먹어요.

햇양파
햇+양파

그해에 난 양파인 **햇양파**는 수분이 많고 덜 매워서 맛이 좋아요. 하지만 물러지기 쉬워서 망에 넣어 보관하지요.

해콩
해+콩

해콩은 그해에 난 콩을 가리켜요. 그런데 왜 '햇콩'이라고 하지 않고 '해콩'이라고 할까요? 그것은 소리 내기 쉽도록 시옷(ㅅ)이 없는 '해'를 썼기 때문이에요. 해콩처럼 '해~'를 붙여서 쓰는 말에는 '해쑥', '해팥'이 있어요.

햅쌀
햅+쌀

그해에 난 쌀을 **햅쌀**이라고 해요. 햅쌀은 '해+쌀'인데, '해' 대신 '햅'을 쓰는 것은 옛말의 흔적이 나타나서예요. 음력 8월 15일인 추석에는 햅쌀로 밥을 지어 먹고, 햅쌀을 빻은 가루로 송편을 빚어요.

올해 새로 난 쌀, 햅쌀

햇곡식, 해콩, 햇밤, 햇고구마처럼 낱말의 앞에 붙어 '새로 난'이라는 의미를 더하는 말에는 '햇'과 '해'가 있어요. '햇'은 첫 음이 예사소리(ㄱ, ㄷ, ㅂ, ㅅ, ㅈ 등)가 나는 낱말에 붙고, '해'는 된소리(ㄲ, ㄸ, ㅃ, ㅆ, ㅉ)나 거센소리(ㅋ, ㅌ, ㅍ, ㅊ)로 시작되는 낱말에 붙지요. 이 원칙을 따른다면 올해 새로 난 쌀은 '해'와 '쌀'을 합쳐 '해쌀'이라고 해야 해요. 그런데 왜 쌀은 '해쌀'이라고 하지 않고 '햅쌀'이라고 할까요?

'쌀'은 원래 낱말의 첫머리 소리를 'ㅆ'이 아닌 'ㅄ'으로 냈어요. 그러다 시간이 지나면서 '쌀'로 쓰게 되었고, 쌀이라고 혼자 쓰일 때는 'ㅄ'이 나타나지 않게 되었지요. 하지만 '해'와 '쌀'을 합쳐서 쓸 때는 원래 소리였던 'ㅄ'의 'ㅂ' 소리가 나게 되었고, 이것이 받침으로 굳어져 '햅쌀'이 되었답니다. 이런 말에는 '좁쌀', '멥쌀'이 있어요.

낱말의 짜임은 크게 세 가지로 나눌 수 있어요. 첫째는 쌀, 밤, 사과처럼 오직 하나의 낱말이 있어요. 둘째는 밤+송이, 눈+사람처럼 두 낱말이 합쳐진 낱말이 있지요. 셋째는 혼자 쓰일 수 없는 말과 낱말이 합쳐진 햇+밤, 함박+눈, 한+겨울 등의 낱말도 있어요.

1 그림을 보고 (   )에서 알맞은 낱말을 골라 ○ 하세요.

①

(햇감자 / 햅감자)가 많이 달렸어.

②

마당에 (해병아리 / 햇병아리) 들이 걷고 있다.

③

올해 수확한 양파야.

(해양파 / 햇양파)를 좀 가져가렴.

2 다음 빈칸에 들어갈 말을 순서대로 바르게 짝지은 것은 무엇인가요? (   )

㉮ 쌀로 지은 밥이에요.

밥에 ㉯ 콩이 들어 있네.

바구니에 ㉰ 사과가 가득 들어 있네.

① ㉮ 햇, ㉯ 햅, ㉰ 햇

② ㉮ 햅, ㉯ 해, ㉰ 햇

③ ㉮ 해, ㉯ 햅, ㉰ 햇

④ ㉮ 햅, ㉯ 햇, ㉰ 해

3 속뜻 짐작 빈칸에 알맞은 낱말을 보기 에서 찾아 써 보세요.

알에서 갓 깨어난 □네.

보기   햇비둘기   해비둘기

산에서 □을 많이 캐 오셨네요.

보기   햇쑥   해쑥

'햇'은 '새로 난'이라는 뜻이었지요?
'햇'의 의미를 가진 새로운 낱말을 살펴보고, 그 뜻도 알아봐요.

새내기 freshman / 신입 사원 new employee

'새내기'는 '햇병아리'와 비슷한말로, 대학교나 단체 등에 새로 들어온 사람을 가리키는 고유어예요. '신입생', '신출내기'와 같은 뜻이지요. '새내기'는 영어로 freshman이라고 하는데, fresh는 '새로운', man은 '사람'이라는 뜻이에요. 학교의 새내기처럼 회사에도 새로 들어온 직원이 있는데, 이런 사람을 '신입 사원'이라고 해요. 신입 사원은 '새로운'이라는 뜻의 new와 '고용된 사람'을 뜻하는 employee를 더해 new employee라고 하지요. employee는 '고용하다'라는 뜻의 employ에 -ee를 붙인 단어예요.

4주 5일
학습 끝!

붙임 딱지 붙여요.

앞선 사용자 early adopter

텔레비전을 보면 방송 중간중간에 새롭게 출시한 전자 제품이나 기존 상품에 새로운 기능이 더해진 신상품 광고를 볼 수 있어요. 광고를 보면 새 제품을 누구보다 먼저 사용하고 싶은 마음이 들 때가 있지요. 이렇게 '새 기술을 먼저 이용하는 사람'을 early adopter라고 하는데, early는 '일찍, 새로운', adopter는 '사용하는 사람'이란 뜻이에요. 우리말로는 '앞선 사용자'라고 하지요.

QR 찍고 발음 듣기

우쭐거릴 때에는 '뽐내다'

내일 생일 파티 때
입을 옷이야. 예뻐?

그만 좀
뽐내!

내가 주인공이니까
폼이 나야지!

……

뭘 입어도
폼이 안 나니 그만 뽐내!
폼 안 나, 그만 뽐내!
뽐폼! 뽐폼!

뭐라고!

제끼라웃~

가만! 뽐내야?
폼내야?

그러고 보니 '뽐내다'는
'폼나다'에서 온 말인가?
오! 역시 나는 언어 천재야!

하하, 안타깝게도
언어 천재는
아닌 걸로!

엥?

뽐내다: 의기가 양양하고 자신의 어떠한 능력을 자랑하다는 뜻을 가진 낱말이에요.

'뽐내다'라는 말의 유래에 대해서는 두 가지 설이 있단다.

첫째, '끄집어내다'라는 뜻의 '뽑다'에 '꺼내다'라는 뜻의 '내다'가 합쳐져,

뽑다 + 내다

'우쭐거린다'는 뜻의 '뽐내다'가 되었다는 의견이 있지.

둘째, 예전에 결혼한 여성이 나들이를 위해 한껏 멋을 낸 '봄놀다'라는 옛말에서 유래되었다는 의견도 있어.

잘 꾸몄으니 나들이 좀 나가 볼까?

'봄놀다 → 봄뇌다 → 뽐뇌다 → 뽐내다'가 되었다고 짐작한 것이지.

……

에이, 아무리 생각해 봐도 제 상상이 가장 그럴듯한데……

하하하, 아빠도 그렇게 믿고 싶긴 해.

이 옷은 어때?

1주 13쪽 먼저 확인해 보기

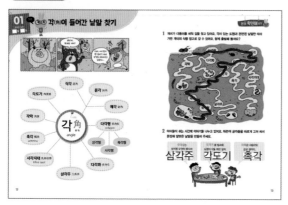

1. 각이 있는 도형은 '다각형'으로, 다각형에는 삼각형, 사각형, 오각형, 육각형 등이 있어요. 다각형에는 각이 여러 개 있는데, 한 점에서 갈린 두 직선의 벌어진 정도를 뜻하는 각도가 90도이면 '직각', 90도보다 크면 '둔각', 90도보다 작으면 '예각'이에요.

1주 16쪽 속뜻 짐작 능력 테스트

1. 정답은 ① 직각, 예각, ② 다각형이에요. 샌드위치 모양도, 강물이 바다로 흘러가면서 운반한 모래나 흙이 쌓여 이루어진 편평한 땅인 '삼각주'도 다각형 가운데 하나인 삼각형 모양이에요.
2. 지붕을 여덟모가 지도록 지은 정자는 '팔각정', 주위의 변화를 알아채는 능력은 '촉각'이라고 해요.
3. '머리 두(頭)'와 '뿔 각(角)' 자가 합쳐진 '두각'은 재능과 지식이 다른 사람보다 뛰어남을 뜻해요.

1주 19쪽 먼저 확인해 보기

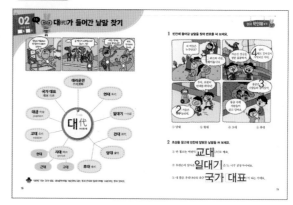

1. 지금 최고의 미인인 춘향은 '당대', 이순신 장군은 뒤이어 올 시대에도 기억되실 분이기 때문에 '뒤 후(後)'를 붙여 '후대', 오늘날의 기술 발전은 지금 이 시대를 뜻하기 때문에 '현대', 동굴은 아주 오래전 사람들의 집이어서 '고대'를 넣어야 해요.

1주 22쪽 속뜻 짐작 능력 테스트

1. 지나간 시간을 일정한 햇수로 나눈 것을 '연대', 한 사람의 일생을 적은 글을 '일대기', 어떤 기준에 의해 구분한 일정한 기간을 '시대', 나라를 대표하는 사람을 '국가 대표'라고 해요.
2. 어떤 일을 여러 사람이 나누어 차례대로 하거나, 그 차례에 따라 일을 맡은 사람을 '교대'라고 해요. '교대로 일하다.', '교대하다.' 등으로 써요.
3. '대신할 대(代)'에 '바꿀 체(替)' 자가 합쳐진 '대체'는 다른 것으로 대신하는 것을 말해요. '대체 방안', '대체되다' 등으로 써요.

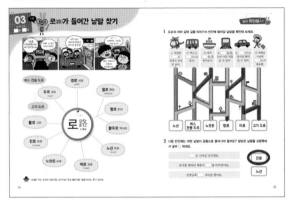

1. 정답은 ① 미로, ② 버스 전용 도로, ③ 항로, ④ 노선, ⑤ 고가 도로, ⑥ 노잣돈이에요.

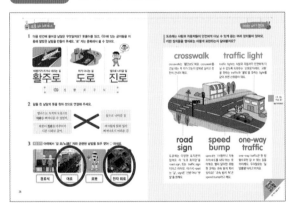

1. 비행기가 미끄러지듯(미끄러울 활, 滑) 달려가는(달릴 주, 走) 길은 '활주로', 사람과 차가 다니는 길은 '도로'라고 해요. 또 사람이나 다른 것이 앞으로 나아갈(나아갈 진, 進) 길은 '진로'라고 해요.
2. 빠져나오기 어려운 길은 '미로'라고 해요.
3. '대로'와 '전자 회로'에는 공통적으로 '길 로/노(路)' 자가, 경로석에는 '늙을 로/노(老)' 자가 쓰였어요. 로봇은 영어 단어 robot이 우리말이 된 외래어예요.

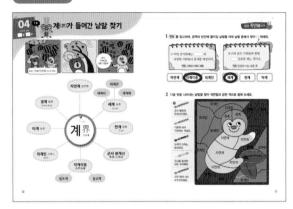

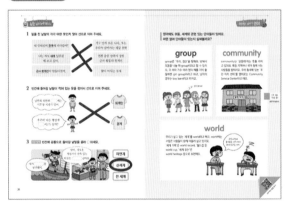

2. '경계'는 사물이나 지역을 어떠한 기준에 따라 나누는 것, '외계인'은 지구 밖(바깥 외, 外)에 사는 우주인을 뜻해요.
3. 세계에 '새로울 신(新)' 자를 붙인 '신세계'는 새롭게 생활하거나 활동하는 장소 혹은 새로운 경치를 뜻하는 말이에요.

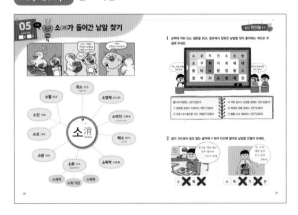

1. 정답은 ① 소염제, ② 소비자, ③ 해소, ④ 취소, ⑤ 소방이에요. 염증을 없애고 치료하는 약은 '소염제', 돈을 써서 물건을 사는 사람은 '소비자', 어떤 일이나 감정을 없애는 것은 '해소', 예정된 일을 없애는 것은 '취소', 불을 끄고 예방하는 것은 '소방'이에요.

2. '소화'는 먹은 음식을 잘 부수고 녹여서(사라질 소, 消) 영양분을 흡수하기 쉬운 형태로 만드는(될/변화할 화, 化) 것이고, '소화 기관'은 소화를 시키는 몸 속 기관이에요.

1주 40쪽 속뜻 짐작 능력 테스트

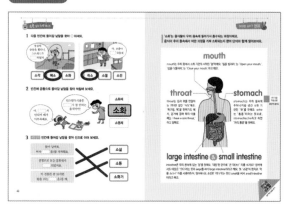

1. '해소'는 좋지 않은 일이나 감정을 풀어서(풀 해, 解) 사라지게 하는 것이고, '취소'는 예정된 것을 없었던(사라질 소, 消) 것으로 하는 것이에요.

3. '잃을 실(失)' 자가 쓰인 '소실'은 사라져 없어지는 것, '소등'은 등불(등잔 등, 燈)을 끄는 것, '소화기'는 불(불 화, 火)을 끄는 기구(그릇 기, 器)예요.

2주 45쪽 먼저 확인해 보기

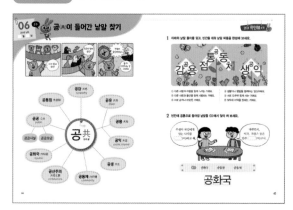

1. 정답은 ① 공감, ② 공용, ③ 공통점, ④ 공동체, ⑤ 공생, ⑥공익이에요.

2주 48쪽 속뜻 짐작 능력 테스트

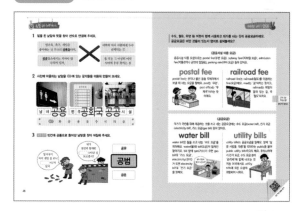

1. 여럿 사이(함께 공, 共)에서 같거나 두루 통하는(통할 통, 通) 점(점 점, 點)을 '공통점', 사회 모든 사람에게 두루(공평할 공, 公) 관계되는 것을 '공공'이라고 해요.

2. '공용'은 함께 사용한다(쓸 용, 用)는 의미로 '남녀 공용' 등으로 써요. '공화국'은 나라의 권리가 다수의 국민에게 있는 나라를 일컬어요. '공공'은 국가나 구성원에게 두루(공평할 공, 公) 관계되는 것으로, 지하철, 도서관, 공원, 우체국 등은 '공공시설'이에요.

3. '공범'은 '함께 공(共)'과 '범할 범(犯)' 자가 합쳐진 낱말로, 범죄 행위를 함께한 사람을 말해요.

2주 51쪽 먼저 확인해 보기

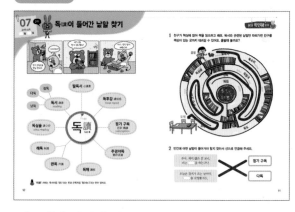

1. '독서'와 관계된 말에는 필독서, 독후감, 정독, 정기 구독, 낭독이 있어요.

2. '정기 구독'은 신문이나 잡지 등을 정해진 날짜에 사서 읽는다는 뜻으로, '정할 정(定)'과 '기약할 기(期)' 자가 합쳐진 낱말이에요. '다독'은 많은(많을 다, 多) 글이나 책을 읽는(읽을 독, 讀) 것을 가리켜요.

1. '낭독'은 소리(밝을 랑/낭, 朗) 내서 읽는 것, '독후감'은 책을 읽고 난 뒤(뒤 후, 後)에 느낌(느낄 감, 感)이나 생각을 글로 적은 것, '주경야독'은 '낮 주(晝)'와 '밭 갈 경(耕)', '밤 야(夜)', '읽을 독(讀)' 자가 합쳐진 낱말로, 어려운 상황에서도 꿋꿋하게 공부하는 것을 가리켜요.
2. '해독'은 어려운 글이나 암호 등의 의미를 헤아리며(풀 해, 解) 읽는 걸 말해요.
3. '독심술'은 다른 사람의 마음을 훤히 읽는 기술이고, '독자'는 책, 신문, 잡지 등의 글을 읽는(읽을 독, 讀) 사람(사람 자, 者)이에요. '난독증'은 글자를 읽고 이해하는 데에 어려움이 있는 증상을 말해요.

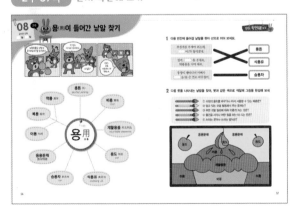

2. 정답은 ① 재활용품, ② 응용문제, ③ 이용, ④ 비용, ⑤ 용도예요.

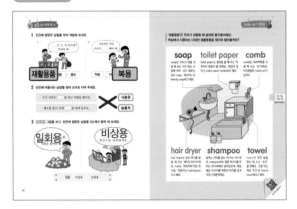

1. 종이, 캔, 유리병과 같이 물건의 쓰임을 바꾸거나 고쳐서 다시(두 재, 再) 사용할(쓸 용, 用) 수 있는 것을 '재활용품'이라고 해요. '옷 복(服)'과 '쓸 용(用)' 자가 합쳐진 '복용'은 약을 먹거나 마시는 것을 뜻해요
2. '식용유'는 먹을(먹을 식, 食) 수 있는 기름(기름 유, 油)을, '승용차'는 여러 사람이 타고(탈 승, 乘) 다니는 자동차(수레 거/차, 車)를 말해요.
3. '일회용'은 한 번만 쓰고 버리는 것을 나타내고, '아닐 비(非)' 자가 합쳐진 '비상용'은 예사롭지 않은 긴급한 사태가 일어났을 때 사용하는 것이에요.

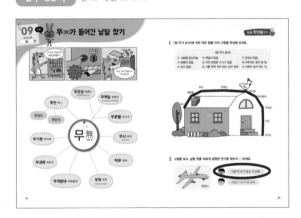

2. '무인'은 사람(사람 인, 人)이 없다(없을 무, 無)는 걸 의미해요. 여기에 '베틀/기계 기(機)' 자를 합치면 사람이 타지 않고 조종되는 비행기를 가리켜요.

2주 66쪽 속뜻 짐작 능력 테스트

1. '없을 무(無)' 자를 붙이면 무언가가 없거나 없는 상태를 나타내요. '무시'는 사람이나 사물을 깔보거나 업신여기는 것을, '허무'는 아무것도 없이 텅 빈(빌 허, 虛) 것을 말해요.
2. '무인도'는 '섬 도(島)'를 써서 사람이 살지 않는 섬을 뜻해요. '무관심'은 사람이나 사물에 대해 끌리거나 흥미가 없는 마음(마음 심, 心)을, '무기한'은 일정하게 정한(한정 한, 限) 시기(기약할 기, 期)가 없는 걸 말해요.
3. '연중무휴'는 일 년(해 년/연, 年) 내내(가운데 중, 中) 쉬는(쉴 휴, 休) 날이 없음(없을 무, 無)을 뜻해요.

2주 69쪽 먼저 확인해 보기

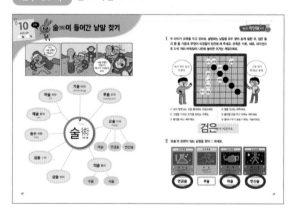

1. 정답은 ① 심술, ② 미술, ③ 상술, ④ 의술, ⑤ 기술, ⑥ 무술이에요.

2주 72쪽 속뜻 짐작 능력 테스트

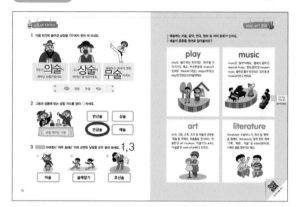

1. '의술'은 병이나 다친 곳을 고치는(의원 의, 醫) 기술, '상술'은 물건을 파는(장사 상, 商) 재주, '무술'은 몸을 사용하거나 무기 등을 다루는 기술을 말해요.
2. '연금술'은 금(쇠 금, 金)을 만드는(쇠 불릴 련/연, 鍊) 기술이고, '변신술'은 몸의 모양이나 태도를 바꾸는(변할 변, 變) 기술이에요.
3. '마술'은 빠른 손놀림과 여러 도구로 사람을 어지럽히는 재주를, '호신술'은 유도, 태권도 등과 같이 몸(몸 신, 身)을 보호하는(보호할 호, 護) 무술을 일컬어요. 둘 다 '재주 술(術)' 자가 쓰이지요. '술래잡기'는 고유어예요.

3주 79쪽 먼저 확인해 보기

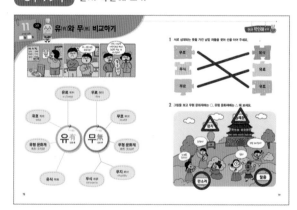

1. '무료'는 값(헤아릴 료/요, 料)이 없음(없을 무, 無)을 나타내는데, '무료 관람', '무료 급식', '무료 봉사' 등으로 써요. '무단'은 사전에 허락이 없거나 아무 이유가 없다는 뜻이고, '휴관'은 도서관, 미술관, 영화관 등이 업무를 쉰다는 뜻이에요.

2. '유형 문화재'는 모양(모양 형, 形)이 있어(있을 유, 有) 직접 만지고 볼 수 있는 건축물, 조각, 책, 공예품 등이에요. '무형 문화재'는 정해진 형태(모양 형, 形)가 없는(없을 무, 無) 춤, 음악, 놀이, 연극 같은 것이나 사람이 문화재로서 기술을 이어 가는 것을 말해요.

3. '없을 무(無)' 자가 들어간 '무기한'은 정해진 기한이 없음, '유구무언'은 입은 있어도 말은 없음, '무풍지대'는 바람이 불지 않는 지역을 뜻해요. 반면 '있을 유(有)' 자가 들어간 '유한'은 일정한 한도나 끝이 있음을 뜻해요.

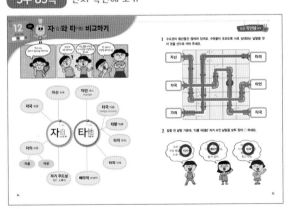

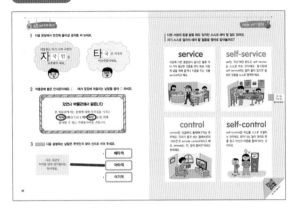

2. 정답은 '자의'와 '타인'이에요.

3. 다른 사람(다를 타, 他)의 이익(이로울 리/이, 利)을 먼저 생각하는 것은 '이타적'인 것이에요. '배타적'은 자신과 다른 것을 거부하며 밀어내는(물리칠 배, 排) 것이고, '이기적'은 자기 자신(몸 기, 己)의 이익(이로울 리/이, 利)만 생각하는 거예요.

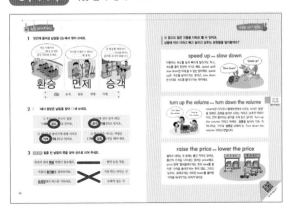

1. '환승'은 다른 비행기나 버스, 기차 등으로 갈아타는 (탈 탑, 搭) 것을, '면제'는 책임이나 의무를 면하게 (면할 면, 免) 해 주는 것을, '승객'은 배, 열차, 비행기 등에 탄 손님(손님 객, 客)을 뜻해요.

2. 정답은 ① 감소, ② 증가, ③ 가세, ④ 감속이에요. '감소'는 수나 양이 점점 줄어드는(덜 감, 減) 것, '증가'는 수나 양이 점점 더해지는(더할 증, 增) 것을 뜻해요. '가세'는 힘(권세 세, 勢)이 보태지는(더할 가, 加) 것이고, '감속'은 속력이 떨어지는(덜 감, 減) 것으로 속도가 줄 때 써요.

3. '제설'은 쌓인 눈(눈 설, 雪)을 치움(덜 제, 除), '첨가물'은 보태어(더할 첨, 添) 넣는 것(물건 물, 物), '승강장'은 차를 타고(탈 승, 乘) 내리는(내릴 강, 降) 곳(마당 장, 場)을 말해요.

3주 97쪽 먼저 확인해 보기

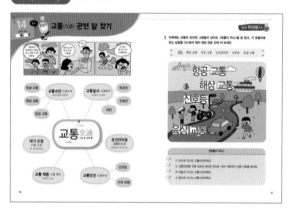

3주 100쪽 속뜻 짐작 능력 테스트

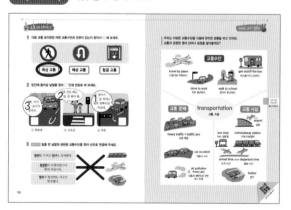

1. 3개의 표지판은 각각 통행금지, 유턴, 버스 전용 도로를 알려 주는 것으로, 모두 '육상 교통'과 관련 있어요.

2. '좌회전'은 차가 왼쪽으로 도는 것, '신호등'은 차가 다니는 도로에 설치해 교통 신호를 알려 주는 것, '유턴'은 U 자 모양으로 돌면서 방향을 바꾸는 것이에요.

3. '항해'와 '항구'는 해상 교통, '항공편'은 항공 교통, '열차'는 육상 교통과 관련된 낱말이에요.

3주 103쪽 먼저 확인해 보기

3주 106쪽 속뜻 짐작 능력 테스트

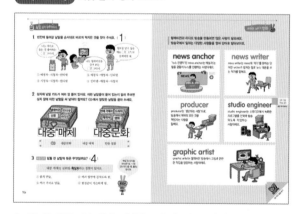

2. 텔레비전, 인터넷, 신문, 라디오는 사람들에게 많은 정보와 재미를 주는 '대중 매체'이고, 연예 기획자, 드라마, 제작사, 영화와 관련된 문화는 많은 사람들에 의해 만들어진 '대중문화'예요.

3. '획일화'는 모두 한결같이 같게 하거나 줄을 그은 듯 가지런한 것을 나타내는 말이에요. 대중문화의 영향으로 사람들의 생각과 생활이 똑같아지는 것을 '획일화되었다'고 해요.

4주 113쪽 먼저 확인해 보기

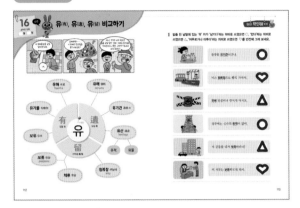

4주 116쪽 속뜻 짐작 능력 테스트

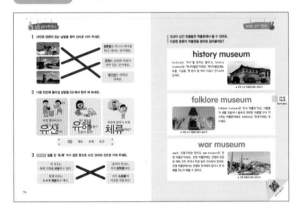

3. '보유'와 '소유물'은 '있을 유(有)' 자가, '체류'와 '유학생'은 '머무를 류/유(留)' 자가 합쳐진 낱말이에요. '소유물'은 자기 것으로 가지고 있는 물건이고, '유학생'은 외국에 머물며 공부하는 학생이에요.

4주 119쪽 먼저 확인해 보기

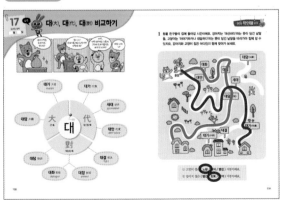

1. 고양이 집은 노랑 지붕이고, 강아지 집은 초록 지붕이에요. '대신하다'라는 뜻이 담긴 낱말은 '대안', '세대', '대가(代價)'이고, '이야기하거나 대답하다'라는 뜻이 담긴 낱말은 '대화', '대답', '대담(對談)'이에요.

4주 122쪽 속뜻 짐작 능력 테스트

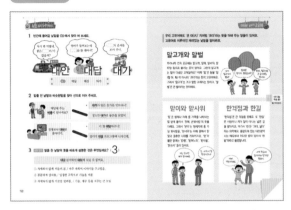

2. '비용'은 어떤 일을 하는 데 필요한 돈으로, 어떤 일에 들인 노력이나 희생에 대해 받는 값(값 가, 價)인 '대가'와 비슷한말이에요. '대화'와 '대담'은 서로 마주 대하고 이야기를 주고받는 것을 의미해요.

3. '대강'은 자세하지 않게 기본적인 것만 검토하는 것을 가리켜요. '대회'는 '큰 대(大)'에 '모일 회(會)'가 합쳐진 말로, 재주나 기술을 겨루는 큰 모임을 뜻해요.

4주 128쪽 속뜻 짐작 능력 테스트

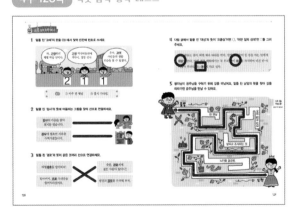

3. '경로'는 '길 로/노(路)' 자를 쓰면 지나는 길이나 일의 방법을 뜻하고, '늙을 로/노(老)'를 쓰면 노인을 공경하는 것을 뜻해요.

1. 정답은 ① 맞춰야겠으니, ② 맞춰, ③ 맞혀도, ⑦ 마쳤네예요.

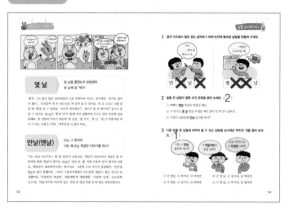

1. '만날(맨날)'은 매일같이 계속해서라는 뜻이고, 몇 날'은 정확하게 모르는 얼마 동안의 날을 뜻해요.

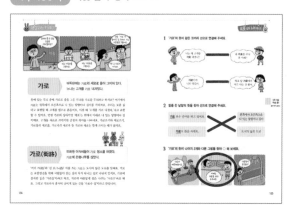

1. '고개를 가로 내젓다', '가로줄 무늬'에 쓰인 '가로'는 왼쪽에서 오른쪽으로 나 있는 방향이나 길이를 말해요. '가로수', '학교 앞 가로'에 쓰인 '가로'는 도시의 넓은 도로를 가리켜요.

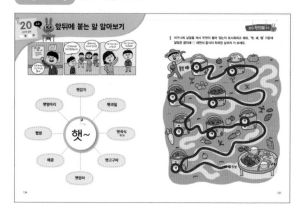

1. 정답은 '햅'쌀, '햇'병아리, '햇'고구마, '햇'과일, '햇'감자, '해'콩, '햇'양파, '햇'곡식이에요.

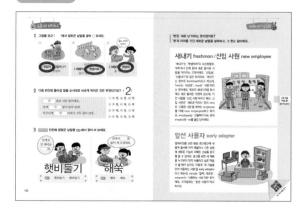

1. 정답은 ① 햇감자, ② 햇병아리, ③ 햇양파예요.
2. '햇~'의 뒤에 오는 첫 음이 된소리나 거센소리이면 '해~'를 쓰고, 그렇지 않으면 '햇~'을 써요.
3. '쑥'은 된소리이기 때문에, '햇쑥'이 아니라 '해쑥'으로 써요.